José Luis Álvarez Lopeztello

Emil Michel Cioran: El drama de la caída en el tiempo

José Luis Álvarez Lopeztello

Emil Michel Cioran: El drama de la caída en el tiempo

(La nostalgia del Paraíso perdido)

JustFiction Edition

Cover image: www.ingimage.com

Publisher:
JustFiction! Edition
is a trademark of
International Book Market Service Ltd., member of OmniScriptum Publishing Group
17 Meldrum Street, Beau Bassin 71504, Mauritius

Printed at: see last page
ISBN: 978-613-7-39087-0

Zugl. / Aprobado por: Toluca, Universidad Autónoma del Estado de México, Diciembre de 2016

JOSÉ LUIS ÁLVAREZ LOPEZTELLO
e-mail: lopeztello_86@hotmail.com

EMIL MICHEL CIORAN: EL DRAMA DE LA CAÍDA EN EL TIEMPO
(LA NOSTALGIA DEL PARAÍSO PERDIDO)

A mis padres: cuyo desmedido amor por sus hijos les llevó a cultivar una pequeña parcela de Paraíso. ¡Cómo no ver reflejado en sus ojitos, llenos de alegría y esperanza, un pedacito del Edén!

A, para, con, ante, por Cristina.

Índice

Abreviaturas de las obras de Emil Michel Cioran

(La referencia bibliográfica completa se encuentra al final del texto)

AR: Antología del retrato: de Saint-Simon a Tocqueville

BV: Breviario de los vencidos.

BP: Breviario de podredumbre.

CH: Contra la historia.

CO: Conversaciones.

CU: Cuadernos.

CUT: Cuaderno de Talamanca.

DLS: De lágrimas y de santos.

DI: Del inconveniente de haber nacido.

D: Desgarradura.

EA: Ejercicios de admiración y otros textos

EN: Ejercicios negativos.

LQ: El libro de las quimeras.

MD: El malvado demiurgo.

OP: El ocaso del pensamiento,

CD: En las cimas de la desesperación.

EMY: Ese maldito yo.

LS: Lágrimas y santos.

CT: La caída en el tiempo.

TE: La tentación de existir.

HU: Historia y utopía.

SF: Sobre Francia.

SA: Silogismos de la amargura.

¿No habéis advertido una imagen de pureza en la *mirada sin percepción*, en la mirada que refleja y refracta, una imagen *purificada* de objetos? ¿No os habéis fijado nunca en la mirada de los patitos y habéis visto unos ojos donde el cielo es cielo, el agua agua y la hoja hoja? El cielo ha descendido hasta los ojos de un patito; porque los ojos del hombre son demasiado oscuros para acceder a la serenidad y a la elevación. Imagen de la pureza: una mirada antes de la percepción; una mirada en el mundo; una mirada que *no* ve, sino en la que *uno ve*.

EMC, *LQ*

Preámbulo

> Todo profesor de filosofía apaga y paraliza la filosofía que explica por el solo hecho de que habla de ella, como objeto de su explicación, reduciéndola –esto es- a la condición de ente histórico, observable por los historiadores, cuando tal vez aquella filosofía lo que intentaba hacer era rebelarse contra la Historia.
>
> Agustín García Calvo, Prólogo a Marqués de SADE, *Instruir deleitando o la escuela de amor*

Este escrito tiene el propósito de elucidar, en la medida de sus posibilidades, la concepción de tiempo que el pensador rumano-francés Emil Cioran esbozó a lo largo de sus textos. Sin embargo, es pertinente advertir que todo ensayo está necesariamente revestido de un talante interpretativo, lo cual supone, de antemano, una suerte de alejamiento y tensión respecto al autor: difícilmente puede evitarse la tentación de hacerle decir aquello que uno desea. Propensión, al parecer, insalvable. "Todo aquel que nos cita de memoria es un saboteador que habría que denunciar a la justicia. Una cita mutilada equivale a una traición, a una injuria, a un perjuicio tanto más grave cuanto que se nos ha querido hacer un favor".[1] Puesto que no hay -ni puede darse- interpretación desinteresada ni inocente: ¿Quién habría de reconocerse, sin caer en la impostura, como no traidor? Confesémonos, sin más, saboteadores todos.

Además del brete aludido, cabe decir que este trabajo es de talante paradojal pues estriba en emprender el estudio sistemático de un pensador carente de sistema y en querer extraer teorías donde no las hay. Peter Sloterdijk, en *El revanchista*

[1] EMC, *EMY*, p. 144.

desinteresado. (Apunte sobre Cioran), refiere el proceder del pensador rumano-francés con estas líneas: "Su reserva es cualquier cosa menos metódica; es demoniaca. En su caso, la crítica ha sido precedida por la tortura".[2]

Cómo no traer a cuento lo que al comienzo de una charla pregunta Jean-François Duval a Cioran: "*¿Le desagradaría que hubiera tesis universitarias sobre su obra?* Hay algunas (*sc.* responde éste), pero yo estoy contra las tesis, estoy contra ese género".[3] He ahí la paradoja del presente escrito: pretender sistematizar un pensamiento tan fragmentario como fragmentado a sabiendas de que el pensador en cuestión se declaró tácitamente en contra de los sistemas filosóficos. A la par de aspirar erigir donde él se dedicó a derrumbar porque el suyo fue un proceso continuo de zapa y desengaño. "Mi misión es la de sacar a la gente de su sueño eterno, aun sabiendo que cometo un crimen y que valdría mil veces más dejarlos perseverar en él, ya que, además, cuando despiertan, nada tengo que proponerles".[4]

Emil Cioran, por un lado, carece de la ingenuidad necesaria para despertar de un sueño dogmático tan sólo para babear en uno distinto. Por otro lado, provisto de lucidez, nada erige sino que cual hábil dinamitero de los pilotes sobre los que se levantan las certezas filosóficas se limita a declarar su sinsentido y su oquedad. De ahí la imposibilidad de llamarle falso iconoclasta, pues: "Lo que resulta desconsolador es ver que en cada época son los iconoclastas o los que pretenden serlo quienes suelen recurrir a las ficciones y a las mentiras".[5] Evidentemente, ni es pregonero de buenas nuevas ni se adhiere a ideología ninguna. Incluso, cuando da la impresión de inclinarse hacia el escepticismo -declarando así que todo es ilusorio- prestamente recapitula sitiando a la idea misma de ilusión. La propia duda es puesta en tela de juicio: la creencia ferviente en ella la estropea, tornándola en certeza. Luego de su rasero inquisidor, no hay idea o

---

[2] Peter Sloterdijk, *Sin salvación. Tras las huellas de Heidegger*, p. 258.
[3] EMC, *CO*, p. 33. (Énfasis del texto).
[4] EMC, *CU*, p. 174.
[5] EMC, *D*, p. 21.

asidero mental que permanezca en pie: “Decir «Todo es ilusorio» es abocarse a la ilusión, es reconocerle un alto grado de realidad, el más alto, mientras que lo que se buscaba era desacreditarla. ¿Qué hacer? Lo mejor es dejar de proclamarla o de denunciarla, de esclavizarse pensando en ella. Incluso la idea que desacredita a todas las ideas es un obstáculo”.[6]

Comoquiera, echando mano de una buena dosis de candidez, con prurito afirmaría que tal vez no todo esté perdido, pues el equívoco que seguramente producirá este escrito es el paliativo que le torna defendible y el pretexto que mejor le anima, ya que, dando una pizca de seriedad a las risotadas de Cioran: “Un libro sólo es fecundo y duradero, si se presta a varias interpretaciones diferentes. Las obras que se pueden definir son esencialmente perecederas. Una obra vive por los malentendidos que suscita”.[7] A la par, es “[…] la desgracia de ser comprendido, la peor que puede abatirse sobre un autor”.[8] Y, más adelante insiste: “Para un autor resulta una verdadera desgracia ser comprendido”.[9] Así, es dable que en la medida en que el presente texto invite al malentendido contribuya juntamente a su eficacia. Sin embargo, inútil engañarse y simular bella ceguera. Dado el talante aporético de la reflexión cioraniana es tan vano pretender explicarle como renunciar a ello. “Quizás lo mejor sea no explicarse, no dar uno mismo la clave de su ser, la fórmula de su destino. Que la busquen los otros –si creen que vale la pena buscarla”.[10]

Después de las advertencias apuntadas a guisa de la escritura de Cioran y sabedor del evidente fracaso al pretender exponerle he optado por seguirlo, no obstante, a través del derrotero del tópico del tiempo, con el afán de dar cuenta del resorte que mueve su mecanismo y describir las ilusiones sobre las que se encumbra. Si bien es cierto que el pensador rumano-francés jamás construyó un sistema filosófico –sus textos son siempre

[6] EMC, *DI*, p. 219.
[7] EMC, *CU*, p. 57.
[8] EMC, *EA*, p. 13.
[9] *Idem.*, p. 71.
[10] EMC, *CUT*, p. 20.

fragmentarios-, no lo es menos que a lo largo de sus aforismos hay temas recurrentes, rayanos en la obsesión y en los que insiste una y otra vez. "Fragmentos, pensamientos fugitivos, decís. ¿Se les puede llamar *fugitivos* cuando se trata de obsesiones, es decir, de pensamientos cuya característica principal es justamente no *huir*?".[11] Tal es el caso del tiempo, éste es un terreno acostumbrado en su ejercicio pensante. Es uno de sus mayores tormentos. En una palabra, es la espina clavada en su carne pues lo inquietó durante toda su vida: "[...] aunque no *sienta* el tiempo y esté más alejado de él que nadie, lo observo sin cesar: ocupa el centro de mi conciencia".[12] En efecto, sus libros están dramáticamente atravesados por la manía temporal. Si bien cada uno de ellos condensa, como las capas de una cebolla, la totalidad de su pensamiento, en su cogollo se descubre la convulsión del tiempo.

Para pasar ahora a otro pretexto de porqué discurrir acerca de la concepción que Emil Cioran se hace del tiempo encuentro la siguiente justificación -acaso no justificable-. Luego de revisar la literatura escrita sobre él, me topé con la sorpresa de que la mayor parte de ésta gira en torno a los tópicos de su -aparente- nihilismo o escepticismo. Sin embargo, muy poco se ha hablado a propósito del planteamiento que se hace del tiempo. Los estudios referidos a esta cuestión son muy parcos. Casi nada hay escrito acerca de las dos caídas: *La caída en el tiempo* y *el caer del tiempo*. Incluso, Cioran en un diálogo con Sylvie Jaudeau se lamenta de ello:

> [...] aprecio muy en particular las siete últimas páginas de *La caída en el tiempo*, que representan lo más serio que yo he escrito. Me costaron mucho y en general no se han comprendido. Se ha hablado poco de ese libro, pese a que es, a mi juicio, el más personal y a que he expresado en él lo que estaba más próximo a mi corazón. En efecto, ¿acaso hay un drama mayor que el de caer del tiempo? Por desgracia, pocos lectores han advertido ese aspecto esencial de mi pensamiento.[13]

---

[11] EMC, *EMY*, p. 26. (Énfasis del texto).
[12] EMC, *CT*, p. 144. (Énfasis del texto).
[13] EMC, *CO*, p. 179.

Capítulo I. Emil Cioran: Pensador encantador pero desencantado

> ¿Le diré el fondo de mi pensamiento? Toda palabra es una palabra de más. Se trata, sin embargo, de escribir: pues escribamos..., engañémonos los unos a los otros.
>
> EMC, *TE*

Hablar acerca del ejercicio pensante de Emil Cioran es, a todas luces, complicado. No sólo porque se incurre en la arbitrariedad de hacer resaltar uno o, en el mejor de los casos, varios aspectos de su pensamiento, dando así prioridad a aquello que a juicio -siempre sospechoso- del que alega se considere más relevante y desdeñando todo cuanto no se tase digno de estima. Además de que todo análisis es siempre parcial, en el caso del pensador rumano-francés se comete la doble desvergüenza de tomar como objeto de estudio a quien se rebeló contra los análisis y contra los sistemas. "Todo análisis es una profanación, y es indecente entregarse a él".[14]

Por si la advertencia que precede no fuese suficiente para amedrentar, o al menos ruborizar, hasta al más osado de los curiosos, hay que añadir que Cioran es un pensador irónico y visceral, como pocos. "Todo cuanto he abordado, todo cuanto he discurrido durante toda mi vida, es indisociable de lo que he vivido. No he inventado nada, sólo he sido el secretario de mis sensaciones".[15] Indudablemente, sus textos son loas de sus amarguras y tormentos, no son el resultado de frías abstracciones sino que emanan de sus agitaciones, fracasos, desilusiones, manías, repulsas, depresiones o insomnios. Son, en suma, reflexiones apasionadas y pasiones reflexivas. "Mi única excusa: no he escrito nada que no haya surgido de un gran sufrimiento. Todos mis libros son resúmenes de

[14] EMC, *CH*, p. 99.
[15] EMC, *D*, p. 140.

duras pruebas y desconsuelos, quintaescencia de tormento y de hiel, son todos ellos un solo y mismo grito".[16] En efecto, su ejercicio reflexivo –antepuesto radicalmente a la fría usanza de la filosofía objetiva- es la aporía de sus taras; en lugar de llorar escribe; pensar equivale para él a desangrarse. Sus escritos son una suerte de hemorragia continua. "Las «fuentes» de un escritor son sus vergüenzas; aquel que no las descubre en sí mismo, o que las escamotea, está abocado al plagio o a la crítica".[17] La ubicuidad subjetiva en la escritura cioraniana es patente. El resorte de sus letras obedece, ante todo, a sus arrebatos y congojas. No hay una sola de sus páginas, por más descorazonada que sea, que no desborde ardor.

Cuanto más se indaga más nítido se torna el alcance introspectivo de sus cavilaciones. Como pocos, en la historia del pensamiento, llevó hasta sus últimas consecuencias la máxima délfica del conócete a ti mismo. "Nada de investigaciones, sino investigarse a sí mismo ante todo. ¡Qué nos importan los demás! Sus problemas en el supuesto de que puedan resolverse los problemas de los demás, sólo podemos resolverlos para nosotros".[18] La fogosidad subjetiva de sus letras desafía a la concepción encumbrada de filosofía y sus donaires de imparcialidad. "Antifilósofo, aborrezco toda idea *indiferente*: no siempre estoy triste, luego no siempre pienso. Cuando *miro* a las ideas, me parecen aún más inútiles que las cosas".[19] Evidentemente, la prosa cioraniana es antagónica a la objetividad, reprueba todo aquello rumiado en nombre de la tibieza.

Honestamente hablando, la neutralidad de pensamiento es impracticable para cualquiera, incompatible consigo misma, sólo un espectro o un fantasioso sería capaz de conseguir semejante proeza. Proclamar la deliberación objetiva es mentirse y relamerse en la farsa. Es un contrasentido defender la objetividad filosófica. Incluso, aquellos que la pregonan lo hacen febrilmente disfrazando así sus pasiones de razones y evidenciando

[16] EMC, *CU*, p. 145.
[17] EMC, *CH*, p. 23.
[18] EMC, *CUT*, p. 18.
[19] EMC, *BP*, p. 143. (Énfasis del texto).

su enfebrecida razón. "No hay idea alguna absolutamente neutra, hasta los lógicos son apasionados. [...] ¿Qué es la ideología, en el fondo? La conjunción de la idea y la pasión. De ahí viene la intolerancia, porque la idea en sí misma no sería peligrosa, pero, en cuanto va acompañada de un poco de histeria, se acabó".[20]

Cioran pone el dedo en la llaga al advertirnos que solfear cualquier dictamen es pactar, de antemano, con los bajos fondos que nos habitan. En cada uno de nuestros juicios patentizamos nuestras impurezas. "Para emitir la mínima opinión sobre cualquier cosa, una buena dosis de intrepidez y cierta capacidad de irreflexión son necesarios, así como una propensión a dejarse arrastrar por razones extra-racionales".[21] No puede darse reflexión pura, limpia de toda mácula. Aseverar lo contrario es desacreditarse: equivale a la insigne villanía de estafar a las propias entendederas. "El encarnizamiento por borrar del paisaje humano lo irregular, lo imprevisto y lo deforme, linda con la indecencia".[22] Así, el pensador rumano-francés incita, en la medida en que pueda prestársele seriedad a su ironía, a escribir y sobre todo a pensar en los momentos de hundimiento porque sólo en ellos –libres de tapujos- somos honestos. "No deberíamos hablar más que de sensaciones y de visiones: nunca de ideas –pues ellas no emanan de nuestras entrañas ni son nunca verdaderamente *nuestras*".[23]

La filosofía que se precie ha de nacer de las entrañas, tiene que ser visceral, alegar lo contrario equivale a ser mal comediante o Perogrullo. "Lo que perdura de un filósofo es su temperamento, lo que hace que se *olvide*, que se entregue a sus contradicciones, a sus caprichos, a reacciones incomprensibles con las líneas fundamentales de su sistema. Si aspira a la verdad, que se emancipe de toda preocupación de coherencia. No debe expresar más que lo que piensa y no lo que ha *decidido* pensar".[24] Para expresar con fidelidad nuestras desgarraduras habremos de reemplazar los silogismos por gritos y los

[20] EMC, *CO*, p. 51.
[21] EMC, *EA*, p. 60.
[22] EMC, *CT*, p. 33.
[23] EMC, *EMY*, p. 69. (Énfasis del texto).
[24] EMC, *MD*, p. 97. (Énfasis del texto).

edificios conceptuales por jirones reflexivos. "Sólo piensan con método aquellos que, a favor de sus deficiencias, llegan a olvidarse de sí mismos, a no formar cuerpo con sus ideas: la filosofía; privilegio de individuos y de pueblos *biológicamente* superficiales".[25] Ya que construir sistemas filosóficos sobre nuestras miserias es hacer trampa –a los demás y a nosotros- a lo más sincero que podemos aspirar es a vociferar los fragmentos de éstas aunque la resulta sea bien pobre. "El *fragmento*, un género sin duda decepcionante, aunque el único honesto".[26] Los pensamientos fragmentarios son fieles espejos que devuelven su imagen a un ser resquebrajado y desengañado, pero franco, sin embargo. La objetividad, sobre la que pretende levantarse el tinglado filosófico, es mera ilusión o ampulosa verborrea. Artificial, es siempre fraudulenta como corresponde a todo fruto de invernadero.[27]

Cioran exhibe la futilidad objetiva bajo los siguientes términos: "Creer que se refleja imparcialmente la realidad es vivir en la ilusión absoluta de la objetividad".[28] Inútil engañarse, defender los sistemas filosóficos y la neutralidad de pensamiento requiere de una fuerte dosis de ingenuidad, babeo innato o impostura. O las tres juntamente. "La mediocridad de la filosofía se explica por el hecho de que solamente se puede pensar cuando se tiene la temperatura baja. Cuando dominas la fiebre, ordenas ideas como si fueran marionetas en la cuerda y el público no se sustrae a la ilusión".[29] En efecto, el anhelo de objetividad no es más que uno de los mayores prejuicios –y geniales engañifas- sobre los que se apuntala el entarimado filosófico. Así, pues: "Hay

[25] EMC, *TE*, p. 47. (Énfasis del texto).
[26] EMC, *D*, p. 155. (Énfasis del texto).
[27] "¡Veámoslo! Un pensador acaba de construir un enorme edificio lógico, un sistema, un vasto sistema que abarca toda la existencia y toda la historia universal, etc., etc. Ahora bien, consideremos su vida personal. ¿Dónde habita? ¡Asombroso! ¡Lamentable y ridículo hasta más no poder! Porque nuestro pensador no habita personalmente, como cabría esperar, en ese espléndido palacio de bóvedas altísimas, sino que habita en las caballerizas de al lado, o quizá en la misma perrera, o a lo más en la casita destinada al portero del palacio. Y Dios te libre de que se te ocurra venir a insinuarle que se dé cuenta de semejante contrasentido, pues no te puedes figurar lo mucho que se disgustaría. Ya que no le atemoriza para nada lo de estar en el error, su única preocupación ha sido lograr acabar el sistema, precisamente aprovechando que estaba en el error." (Sören Kierkegaard, *La enfermedad mortal*, p. 77).
[28] EMC, *EN*, p. 41.
[29] EMC, *OP*, p. 27.

dos clases de filósofos: los que meditan sobre las ideas y los que lo hacen sobre ellos mismos. La diferencia entre el silogismo y la desdicha. Para un filósofo objetivo, solamente las ideas tienen biografía; para uno subjetivo, sólo la autobiografía tiene ideas".[30]

Consciente de la patraña que representa la filosofía -pretendidamente objetiva- no es de extrañar el carácter caprichoso, fragmentario, irónico y, por momentos, aporético y contradictorio de la escritura cioraniana. "Sobre el mismo tema, sobre el mismo acontecimiento, puedo cambiar de opinión diez, veinte, treinta veces en un día. ¡Y pensar que cada vez, como el último de los impostores, me atrevo a pronunciar la palabra «verdad»!".[31] Su visceral prosa –¿más modesta?- no sólo se encuentra en los antípodas de los criterios de la filosofía oficial sino que es una protesta denodada en contra suya; renunciando a los asideros mentales inamovibles apela a verdades momentáneas. Los aforismos y los fragmentos son honestos en tanto que saben su caducidad. "Creo que la filosofía no es posible más que como *fragmento*. En forma de explosión. Ya no es posible ponerse a elaborar capítulo tras capítulo, en forma de tratado".[32] De ahí que su reflexión –y sus textos- sean disgregados.

No obstante, ello también revela por qué no ha sido considerado como un pensador serio, por parte de los profesionales de la filosofía. "Cuando Savater presentó su tesis doctoral sobre Cioran, le fue negada la defensa pública de su trabajo porque los notables de la filosofía española de entonces (década de los setenta), consideraron que se trataba de una burla que denigraba su profesión dedicarle tiempo a un autor sin método ni proyecto".[33] De ordinario, el pensador rumano-francés ha sido ninguneado, relegado a segundo término o estimado como literato de baja estofa. En una conversación con Léo Gillet, Cioran confiesa el recibimiento que sus *Silogismos de la amargura* tuvieron en

[30] *Idem.*, p. 74.
[31] EMC, *IN*, p. 76.
[32] EMC, *CO*, p. 21. (Énfasis del texto).
[33] Luis Ochoa Bilbao, *Cioran y la ética de la introspección*, p. 13.

Alemania: "[...] en Alemania han publicado recientemente dos páginas sobre mí en un periódico izquierdista de Berlín, en el que se habla de ese libro y el artículo se titula «*Nichts als Scheisse*» («Pura mierda»). [Risas]".[34]

Ahora bien, dejando a un lado los chascarrillos: "Pongamos -¿sólo por afán de provocar?- que lo que hace Cioran es *verdadera* filosofía, con tanto derecho a ser llamada tal como lo tenía la de Diógenes frente a la de Platón. La historia de la filosofía la han escrito los sistemáticos: urge una apología de la sofística. ¿Y si la verdad está del lado de los que renunciaron *expresamente* a ella?"[35] Para no desperdiciar el símil establecido por Savater entre Diógenes y Cioran –que de paso sea dicho, me parece de lo más afortunado-, me he permitido recoger el siguiente fragmento de *El ocaso del pensamiento*, en el que el pensador rumano-francés -cavilando acerca del cínico- proyecta el talante de su filosofar:

> En el corazón de Diógenes las flores se volvían carroña y las piedras se reían. Nada que no estuviera desfigurado: el hombre se desfiguraba la cara; y los objetos, el silencio. La naturaleza, con descaro, exponía generosamente su impudor, en el que se deleitaba la locura clarividente del más lúcido de los mortales. Las cosas perdían su virginidad al contacto con su penetrante mirada, que parecía querer enseñarnos la existencia de un vínculo más profundo entre la sinceridad y la nada.[36]

De ahí el sonrojo obligado cuando -deseosos de explicarle con método- nos topamos frente a su advertencia puesta en solfa a guisa de los tratados y estudios sobre Nietzsche: "Nada más irritante que esas obras en las que se coordina las ideas frondosas de un espíritu que ha aspirado a todo, salvo al sistema".[37] Seguramente vaticinando, con lucidez clarividente, que en algún momento podría ser objeto de escrutinio –al igual que el pensador alemán- por parte de la filosofía institucionalizada a la que tanto vilipendió.

[34] EMC, *CO*, p. 48.
[35] Fernando Savater, *Sobre E. M. Cioran*, p. 17. (Énfasis del texto).
[36] EMC, *OP*, pp. 133-134.
[37] EMC, *TE*, p. 135.

A decir suyo, la universidad representa la muerte del pensamiento. Le mata en la medida en que condiciona tanto el lugar como aquello que ha de ser transmitido para luego regurgitarse neciamente al compás de la boga reinante y las atañas del hatillo de cultos. Admitir los estándares universitarios es sinónimo de deponer las armas de la reflexión y engalanarla con camisa de fuerza. "No debería institucionalizarse lo esencial: la universidad es el espíritu de luto. La filosofía se enseña en el ágora, en un jardín o en casa".[38] Siendo el pensamiento común, no ha de enclaustrarse en edificios ni amoldarse a las medidas encorsetadas de la academia, pues, de nadie es patrimonio exclusivo. Nadie posee la última palabra ni el monopolio de la razón. Alegar lo contrario es evidenciar estropicio mental o dar muestras de estulticia.

Detractor acérrimo de la filosofía académica, Cioran, arriba al siguiente planteamiento: "Hemos llegado a un punto de la historia en que es necesario, creo, ampliar la noción de filosofía. ¿Quién es filósofo? El primero en llegar *roído* por interrogaciones esenciales y contento de estar atormentado por una lacra tan notable".[39] Legítimo filósofo –a pesar suyo, en tanto crítico mordaz de su propio quehacer y congruente con su modo de ejecutar la filosofía desertó, en cuanto le fue posible, de la enseñanza institucionalizada. No mostró reparo alguno en llevarla a las calles, dialogando –imitando así la usanza socrática- con iletrados, prostitutas, escritores, ancianos, campesinos, viajeros o indigentes. Además de sus continuas peroratas con el pueblo llano, es menester recordar sus incansables caminatas a través de los vericuetos del Barrio Latino, sus interminables charlas en el Jardín de Luxemburgo y de la plazuelita del Odéon con pensadores como María Zambrano, Octavio Paz, Samuel Beckett, Gabriel Marcel, entre otros. "La filosofía debería ser algo personalmente vivido. Debería hacerse filosofía en la calle, imbricarse la filosofía y la vida. ¿Una

[38] EMC, *EA*, p. 132.

[39] E. M. Cioran, *Carta prefacio* al *Ensayo sobre Cioran* de Fernando Savater, p. 18. (Énfasis del texto).

filosofía oficial? ¿Una carrera de filósofo? ¡Eso sí que no! Toda mi vida me he rebelado y aún hoy me rebelo contra eso".[40]

Frente a su mirada, un escritor consagrado o un profesor universitario no poseen superioridad alguna sobre el iletrado -en cuanto a sabiduría concierne. "El despertar es independiente de las capacidades intelectuales: se puede tener genio y ser un necio, espiritualmente, se entiende. Por otro lado, nada se avanza con el saber como tal. «El ojo del Conocimiento» puede ser poseído por un iletrado, que se encontrará de este modo por encima de cualquier sabio".[41] Habitualmente, el iletrado, en su virtuosa ignorancia, suele aventajar a los sabios puesto que en él no se da el divorcio entre la filosofía y la vida, mientras que en aquéllos el hiato entre el vivir y el pensar es de ordinario la condición de posibilidad de su filosofar, peor aun, cual burócratas, sólo filosofan en su estudio o en sus aulas de clases. Para estos cultos la filosofía se termina fuera de sus cómodos curules. "Tras tanta impostura y tanto fraude, es reconfortante contemplar a un mendigo. Él, al menos, ni miente ni se miente: su doctrina, si la tiene, la encarna él mismo; no le gusta el trabajo y lo prueba; como no desea poseer nada, cultiva su desprendimiento, condición de su libertad".[42]

Cabe decir que bastantes escritores célebres, escamoteando el ejercicio pensante, sólo dirigen su reflexión al risible espectáculo de amontonar dinero y ensanchar su renombre, cual ladinos sofistas. "Habiendo conocido a lo largo de mi vida a algunos filósofos y a bastantes escritores, he observado que sólo les interesan las personas en la medida en que ven en ellas a admiradores, discípulos o simplemente aduladores".[43] Lamentablemente, no hay cultos sin su turbamulta de lambiscones. En los días que corren, la sapiencia, considerada de envergadura, se cimenta sobre el beneplácito de aquellos que, aceptando de antemano la derrota de sus sesos, no muestran sonrojo en

[40] EMC, *CO*, p. 199.
[41] EMC, *MD*, p. 40.
[42] EMC, *TE*, p. 12.
[43] EMC, *EA*, pp. 133-134.

aplaudir y adular las extravagancias de los listillos. "Todo lo que centellea en la superficie del mundo, todo lo que en él se considera *interesante*, es el fruto de embriaguez y de ignorancia".[44]

Contemplada desde su óptica, pocas empresas son tan execrables como el oficio de ser escritor, porque ello implica comerciar con las ideas, ceder a la manía de la vanagloria y tornarse en jornalero de la escritura. Estropeando así tanto su espinazo como sus ideas a cambio de unas cuantas monedas. No tendría que hacerse de la escritura un medio de sustento, en todo caso, habría de vivirse para escribir. Escribir ha de obedecer a una necesidad interior y no a una exigencia laboral. Gracias a que Cioran jamás estuvo obligado a escribir, porque no hizo de la escritura un trabajo, en sus instantes de abatimiento, se permite confesar lo siguiente: "Ya no escribo, porque de momento, no siento la necesidad de escribir, de *decir*, y porque si bien tengo todos los defectos, no tengo el de ser escritor".[45]

De ahí que la cantidad de sus textos sea escueta, comparada con la producción de las estrellas de la filosofía de entonces, sobre todo si pensamos en Sartre, Russell o Heidegger. "Quien pretenda tener un mínimo de modales, lejos de temer la esterilidad debe, al contrario, aplicarse a ella, sabotear las palabras en nombre de la Palabra, pactar con el silencio, abandonarlo en contados momentos y sólo para volver a caer en él".[46] Emil Cioran, apenas escribía un pequeño libro cada cuatro o cinco años. En más de cuatro décadas residiendo en Francia sólo publicó nueve textos, lo que era una provocación a los cultos parisinos que tenían el ritual de publicar -al menos- un libro anualmente. Además: "Los títulos de sus libros son en sí una actitud de rechazo a lo establecido, a lo que se considera «normal» como sujeto de reflexión filosófica:

---

[44] EMC, *CT*, p. 131. (Énfasis del texto).
[45] EMC, *CUT*, p. 10. (Énfasis del texto).
[46] EMC, *D*, p. 25.

Breviario de Podredumbre; Silogismos de la Amargura; La Tentación de existir; Historia y Utopía; El aciago Demiurgo; Del inconveniente de haber nacido".[47]

En efecto, no se lee a Cioran impunemente. Sobre todo después de que a través de sus letras somos contagiados, sin saberlo –quizá deseándolo- de su abulia vigorizante. Contradictoria en sí misma, su vigorosa abulia es el argumento último que esgrime a favor de la inutilidad de todo discurso, pero también de la incapacidad humana de renunciar a la palabra y guarecerse en el silencio. "La salvación sólo es posible mediante la *imitación* del silencio. Pero nuestra locuacidad es prenatal. Raza de charlatanes, de espermatozoides verbosos, estamos *químicamente* ligados a la palabra".[48] Cabe decir que aquello que afirma a tenor de Paul Valéry aplica juntamente sobre su pensamiento: "[...] parece ser que solamente las palabras nos preservan de la nada. A pesar de todo, él confió en ellas, demostrando así que todavía creía en algo. Únicamente si hubiera acabado desinteresándose por las palabras se le habría podido tratar de «nihilista»".[49]

Si la tentativa del mutismo le embelesó, desde sus primeros escritos, el silencio no fue lo suficientemente encantador para arrastrarle por completo de la escritura a la nada, sino que maravillado por éste tan sólo se limitó a vagabundear por su periferia. "¿Por qué? Porque escribir, por poco que sea, me ha ayudado a pasar de un año a otro, dado que las obsesiones *expresadas* se debilitan y se superan a medias. Escribir es un alivio extraordinario".[50] Cabe decir que luego de la aparición pública de *Ese maldito yo*, en 1987, Emil Cioran no volvería a publicar. Sin embargo, no por ello dejó de conversar y emborronar páginas mientras su estado mental se lo permitió: pasó sus últimos cuatro años de vida confinado en un asilo a causa de su avanzadísimo Alzheimer, mismo que, finalmente, le sumió durante dos años en el mutismo de la paradisiaca estupidez que siempre anheló. "¡Ojalá pudiésemos repantigarnos al sol de la estupidez! ¡Qué cálida

[47] Esther Seligson, *Cioran, filósofo de la lucidez alucinada*, p. 10.
[48] EMC, *SA*, p. 22. (Énfasis del texto).
[49] EMC, *EA*, p. 86.
[50] *Idem.*, p. 219. (Énfasis del texto).

realidad irradiaríamos en un universo ficticio! Porque la dulce y mansa estupidez es un manantial de ser que se alimenta de las fuentes del Creador. El mundo es vástago de la ignorancia".[51] Sus voraces años de lucidez se vieron coronados con la dulcísima y apetecida ignorancia: "Una filosofía de la conciencia no puede terminar más que en una del olvido".[52]

Ahora bien, habiendo adquirido la disciplina de la concisión y renunciando al fárrago, sus escritos dan la impresión de ser puntos suspensivos con miras al punto final. "Necesidad de la palabra para poder callar, para poder alcanzar la voz del silencio, del silencio anterior al Verbo".[53] Sabedor de la futilidad de las palabras e incapaz de retirarse de estas bellas ficciones para abandonarse al mutismo, la escritura fue su terapéutica y su asidero. "Para mí escribir es como una curación. Como escribí en cierta ocasión a Octavio Paz, lo verdaderamente extraordinario es que, cada vez que he acabado de escribir, siento deseos de ponerme a silbar".[54]

Escribir fue para él la medicina envenenada que le purgó de sus ponzoñas al tiempo que le ayudó a ajustar cuentas con el mundo. En este sentido, el pensador rumano-francés nos recuerda a Kierkegaard cuando, en su *Diario*, apostillaba: "Sólo cuando me pongo a escribir me siento bien. Olvido entonces los disgustos de la vida y los sufrimientos; me encuentro con mi pensamiento y me siento feliz".[55] Cioran confiesa que de no haber escrito -durante su atormentada juventud- *En las cimas de la desesperación*, seguramente se habría suicidado. En efecto, no cesó de repetir la asepsia de sus venenos a través de la escritura durante sus años lucidos. "En virtud de su revanchismo Cioran se aferró toda su vida a una negatividad juvenil, depravada. Su obra

[51] EMC, *BV*, p. 116.
[52] EMC, *OP*, p. 41.
[53] Esther Seligson, Prólogo a EMC, *CH*, p. 7.
[54] EMC, *CO*, p. 104.
[55] Sören Kierkegaard, *Diario*, p. 106.

es una venganza sin vengador y una restitución que no conoce damnificado. De ahí que sus escritos tengan efectos terapéuticos".[56]

Cuanto más se piensa en sus textos, mayor es la necesidad de inquirirse: ¿Quién es su autor? Para escarnio de la filosofía académica –ávida de clasificar y regular absolutamente todo-, es inclasificable. Soy consciente de que ésta es una etiqueta, mas, ¡qué se le va a hacer! No obstante, repetir machaconamente que es un pensador asistemático sería consentir a la fórmula trivializada por los manuales. Imposible encontrarle parangón afín. No se abraza a corriente ni a escuela filosófica alguna. Le considero un desclasado. Por fortuna, jamás fue un pensador que haya estado –y seguro no va a estar- de moda porque la boga filosófica le causaba repulsa como chocante es él a los *esnobs* de la filosofía. Cioran: "[...] tiene el poder de dejarnos, definitivamente entregados a la reconsideración de todos nuestros asideros mentales y morales, se comprenderá por qué no es un filósofo *de masas*, sino de *conciencias*, y por qué su vigencia no depende de ninguna corriente a la moda".[57] Pese a su impopularidad –quizá gracias a ella-, merecería contarse sin duda alguna entre los escritores filosóficos más importantes del siglo XX, según refiere Peter Sloterdijk.[58] A la par, Clément Rosset le dedica estas líneas: "Y de hecho, frente a los principales camelos filosóficos de este siglo, Cioran es uno de los raros pensadores que han mantenido por completo el espíritu sereno y la cabeza fría".[59]

Desertor del pensamiento, corrientemente admitido, no mostró empacho en autoproclamarse marginal de la filosofía; con beneplácito, se mantuvo en la periferia de los tópicos encumbrados por la laya de filósofos y se resistió a formar parte de grupos intelectuales.[60] "Para tener un lugar honorable en la filosofía, hay que ser comediante,

---

[56] Peter Sloterdijk, Op. *cit.*, pp. 260-261.
[57] Esther Seligson, *Cioran, Filósofo de la lucidez alucinada*, p. 6. (Énfasis del texto).
[58] *Cfr.* Peter Sloterdijk, Op. *cit.*
[59] Clément Rosset, *La fuerza mayor*, p. 121.
[60] Salvo en sus tristemente famosos *años feroces* –década de los treinta- en que, si bien no fue miembro oficial, sí comulgó con las posturas de la Guardia de Hierro: movimiento caracterizado por su fascismo, nacionalismo,

respetar el juego de las ideas y excitarse con falsos problemas".[61] En lo que concierne a los tópicos endiosados por los filósofos de renombre, Cioran considera que son baladíes fárragos de erudición. De Heidegger, por ejemplo, delibera que es un astuto creador de vocablos, inventor de inútiles problemáticas y fútiles soluciones: "¡Crear palabras hasta la provocación, hasta el vértigo! Hay algo de alarmante en semejante demiurgia verbal, la cual equivale casi a reemplazar a Dios. Tal orgullo me parece excesivo en un pensador, pero lo acepto sin problemas en un poeta o en un demente".[62] A juicio suyo, el autor de *Ser y tiempo* es un taimado prestidigitador de rimbombantes conceptos que, tras su prodigiosa verborrea, oculta naderías: "Cuando éste (*sc.* Heidegger) se encuentra con una dificultad, forja de ordinario una palabra que la disimula y le permite eludirla: se precipita sobre la etimología, de la que se sirve de manera brillante pero abusiva, pues *juega* con las palabras [...] Tan excepcional acrobacia produce fácilmente la ilusión de la profundidad".[63] Asimismo, el sentir que tiene hacia Sartre no es más benévolo, en el *Breviario de podredumbre*, entre otras lindezas, le tilda de frío empresario de ideas: "Me siento en el extremo opuesto de Sartre, de todas sus actitudes, e incluso de sus acciones en la vida, aunque el personaje no me resulte antipático".[64]

---

hitlerismo y odio a la democracia, sólo por mencionar algunos de sus averíos mentales. Durante este periodo Cioran se expresaba de Hitler de la siguiente manera: "Ningún hombre político en el mundo actual me inspira tanta simpatía y admiración como Hitler. Hay algo de irresistible sobre ese hombre para el que cualquier acto de la vida no adquiere significación más que por su participación simbólica en el destino histórico de una nación. Hitler es un hombre que no tiene lo que se denomina vida privada. Desde la guerra, su vida es renuncia y sacrificio". (José Ignacio Nájera, *Cioran y el fascismo*, p. 57). En esta etapa el pensador rumano-francés redactó un libro llamado: *La transfiguración de Rumanía*, en el que, imitando los desvaríos de Hitler, ansiaba la redención de su pueblo apelando a un nacionalismo demencial. "Confiada a fanáticos visionarios, exaltados y locos, Rumanía podría sorprender al mundo, yo estoy absolutamente persuadido de ello. ¡Qué país podría ser Rumania si las gentes fueran no solamente lúcidas, sino también fanáticas!". (*Ibidem.*) En efecto, Cioran sufrió de la fiebre del fanatismo ideológico por un lapso considerable de su vida -alrededor de diez años-. Sin embargo, luego del mismo, encaminó su escritura a vengarse contra todas las ideologías, puesto que experimentó en propia carne sus locuras y excesos. Como pocos, supo ver que entre un idealista y un asesino no existe diferencia sustancial; de ahí que en sus libros franceses tilde de estúpido a Hitler (*Cfr.* EMC, *CO*). Incluso, su obra – especialmente la escrita en lengua francesa- puede leerse como una suerte de revancha hacia todo asidero mental, pues, cual experto francotirador, destinó cada uno de sus días a matar idea tras idea.

[61] EMC, *BP*, p. 86. (Énfasis del texto).

[62] EMC, *EA*, p. 195.

[63] *Idem.*, pp. 136-137. (Énfasis del texto).

[64] EMC, *CO*, p. 45.

Según refiere Emil Cioran, el brillo de la filosofía contemporánea estriba en sustituir la sabiduría por la gramática. La gloria de los filósofos coetáneos se condensa a su ingenio para elucubrar palabras. "La originalidad de los filósofos se reduce a inventar términos".[65] Nuestros sabios no son otra cosa que lingüistas o anatomistas conceptuales. En una palabra, son malabaristas del verbo. "El verdadero escritor escribe sobre los seres, las cosas y los acontecimientos, no escribe sobre el escribir, utiliza las palabras pero no se detiene en las palabras, no las convierte en objeto de rumia. La disección del lenguaje es la monomanía de quienes, no teniendo nada que decir, se confinan en el decir".[66] Así, nos aguija con esta turbadora interrogante: "¿Será el genio verbal la herencia de los lugares de baja estofa? En todo caso, exige un mínimo de porquería".[67] Por un lado, lamenta que la filosofía actual –confinándose, en mayor medida, a la lingüística y a las universidades- carezca de sabiduría propia. "Ya que ninguna consecuencia práctica acompaña vuestras meditaciones, no es de extrañar que el último de los pordioseros valga más que vosotros".[68] Por otro lado, se considera afortunado desertor de la filosofía oficial: "No existe mayor placer que creerse haber sido filósofo y no serlo ya. [...] Todo en filosofía es de segundo orden, de tercero... Nada *directo*".[69]

Situado en las antípodas de las bogas filosóficas, lo mismo se ocupó de Lucifer que de los ángeles; fue de Teresa de Ávila a Calígula; de Epicuro a Buda; de los gnósticos al hinduismo; de Adán a Prometeo; de la nada a la eternidad; de la utopía al apocalipsis; del edén a la historia o de San Pablo a Esquilo, sólo por mencionar algunos de los tópicos que le obsesionaron. "Ya me atraiga el budismo o el catarismo o cualquier sistema o dogma, conservo mi fondo de escepticismo que nada podrá embotar nunca y al que vuelvo siempre tras cada uno de mis entusiasmos".[70] Si a veces se permite el lujo de creer, es sólo por capricho y para contradecir su escepticismo porque irremediablemente

[65] EMC, *BP*, p. 83.
[66] EMC, *D*, p. 100.
[67] EMC, *DI*, p. 178.
[68] EMC, *TE*, p. 12.
[69] EMC, *OP*, p. 29. (Énfasis del texto).
[70] EMC, *MD*, p. 91.

el cultivo exacerbado de la duda –como el de cualquier otra postura ideológica- le permuta en artículo de fe. "Si se hace de la duda una meta, puede ser tan consoladora como la fe. También ella es capaz de fervor, también ella, a su manera, triunfa sobre todas las perplejidades; también ella tiene respuestas para todo".[71] Aunque Cioran fue ávido lector de la filosofía oriental, no obstante, debido a su carácter colérico, jamás consiguió abrazarla a cabalidad. "Cuando paso días y días entre textos en los que no se habla más que de serenidad, de contemplación y de despojamiento, me dan ganas de salir a la calle y de romperle la jeta al primer transeúnte".[72]

Siendo por propia elección un pensador marginal, y anacrónico, jamás le importaron los temas novedosos pregonados por la filosofía. "Frente a pensadores desprovistos de patetismo, de carácter y de intensidad, y que se moldean sobre las formas de su tiempo, se yerguen otros en los cuales se *siente* que, en cualquier momento en que hubieran aparecido, hubieran sido semejantes a sí mismos, despreocupados de su época, extrayendo sus pensamientos de su propio fondo, de la eternidad específica de sus taras".[73] Su lucidez le impidió obnubilarse con fraudulentas sabidurías. "La lucidez no tiene la obligación imperiosa de la variedad compulsiva: no *salta* de lo uno a lo otro, sino que *ahonda* en lo que los demás pretenden olvidar".[74] Volviéndole la espalda a la moda filosófica, caviló sobre los perpetuos e irresolubles tópicos de la filosofía como la muerte, Dios, el diablo, el hastío, la lucidez, el mal; la historia, el suicidio, la utopía, el bien, la verdad, el tiempo, el vacío, la libertad, el hombre, ente otros. "Bajo el signo de lo absurdo, Cioran, el hijo de sacerdote, hizo una anacrónica cosecha tardía de la época de la metafísica religiosa, inventando para sí el papel de blasfemo vuelto hacia atrás; practicó el derrumbamiento de ídolos que ya no eran contemporáneos; se recluyó en su buhardilla como un anacoreta cuyo ascetismo consiste en apilar desengaños".[75]

---

[71] *Idem.*, p. 93.
[72] *Idem.*, p. 96.
[73] EMC, *BP*, p. 246.
[74] Fernando Savater, *E. M. Cioran: El alma alerta*, p. 11. (Énfasis del texto).
[75] Peter Sloterdijk, Op. *cit.*, p. 260.

Pensador encantador pero desencantado. Amigo en las horas difíciles, sin embargo. Y, es que: "Un escritor no nos marca porque lo hayamos leído mucho, sino porque hemos pensado en él más de la cuenta".[76] Depositario de un alma fascinada por la desfascinación –bellamente le llama Fernando Savater en su *Ensayo sobre Cioran*- cuyo escepticismo queda escamoteado por el brío que imprime a cada una de sus palabras aun cuando éstas se vuelven contra él y contra sí mismas. "«Hay que estar ebrio o loco –decía Sieyes- para hablar bien las lenguas conocidas». Hay que estar ebrio o loco, agregaría yo, para atreverse a utilizar las palabras, cualquier palabra".[77] Incluso cuando arremete contra las palabras se sirve de sentencias tan lúcidas como insolentes, haciéndonos así cómplices de sus risotadas y excesos.

Si insiste denodadamente en la sosería del lenguaje es porque con prurito canaliza su dolor en las palabras para al final reírse de ellas, de sí mismo y del mundo juntamente. Aunque a menudo parece injusto, nunca es falso. Lo mismo que Cioran afirma en su *Ensayo sobre el pensamiento reaccionario,* a propósito de Joseph de Maistre, aplica a cabalidad a sus propios textos: "Sus libros, impregnados de una rabia tonificante, jamás aburren. En cada uno de sus párrafos se le ve exaltar o rebajar hasta la inconveniencia una idea, un acontecimiento o una institución, adoptar respecto a ellos un tono de fiscal o turiferario".[78]

Si bien es cierto que en sus libros encontramos tópicos harto similares no por ello se le puede tildar de repetitivo, como pretende algún que otro listillo;[79] en cada uno de sus textos tropezamos con nuevos matices que condensan de mejor manera cuanto procura decir y, con su decir, callar. No es gratuito que haya sido considerado por Saint-John Prese como uno de los más grandes escritores franceses luego de la muerte de Paul Valéry. Sin embargo, la misma réplica se le impugnaba a Sócrates; se le achacaba tratar siempre de idénticos temas y de utilizar constantemente los mismos ejemplos. Pero a la

---

[76] EMC, *IN*, p. 187.
[77] *Idem.*, p. 44.
[78] EMC, *EA*, p. 13.
[79] *Cfr.* Ramón Alcoberro, *¿Por qué no me gusta Cioran?* Disponible en: http://www.alcoberro.info/pdf/cioran2.pdf

lucidez no le es menester echar mano de subterfugios, no necesita de las tretas de lo novedoso, le basta con evidenciar lo más evidente que a todos se les escapa, justamente por ser tan claro.

> El papel del pensador es retorcer la vida por todos sus lados, proyectar sus facetas en todos sus matices, volver incesantemente sobre todos sus entresijos, recorrer de arriba abajo sus senderos, mirar una y mil veces el mismo aspecto, descubrir *lo nuevo* sólo en aquello que no haya sido visto con claridad, pasar los mismos temas por todos los miembros, haciendo que los pensamientos se mezclen con el cuerpo, y así hacer jirones la vida pensando hasta el final.[80]

Detrás de su tintineo dialogal puede imaginarse el delirante baile de un sátiro lúcido: husmeador de las escleróticas verdades de la filosofía occidental. "Mi destino es el de envolverme en las escorias de las civilizaciones. ¿Cómo mostrar mi fuerza de otro modo que resistiendo en medio de su podredumbre?".[81] Incansable voceador del sinsentido de las arrogantes certezas filosóficas, tan dogmáticas como rancias, no puede ver detrás de ellas otra cosa que ilusiones y un insigne andamiaje que esconde espectros. En suma, una colosal farsa. "Tengamos la prudencia de reconocer que todo lo que nos sucede, todo acontecimiento, como todo lazo, es inesencial, y que, si hay un saber, lo que debe revelarnos es la ventaja de desenvolvernos entre fantasmas".[82]

Empapado con el perfume de lo caduco denuncia lo vetusto de los ideales: tornándose seductor de lo irreparable y gusano del peregrino fruto del saber. "Cuando en el Árbol del Conocimiento una idea está suficientemente madura, qué voluptuosidad insinuarse en ella, actuar como una larva, y precipitar su caída".[83] Si arremete con violencia contra ideas y verdades no es con el afán de encontrar algo sino para cerciorarse que nada había que descubrir. En caso de haber algún saber sólo estribaría en

---

[80] EMC, *OP*, p. 39. (Énfasis del texto).
[81] EMC, *SF*, p. 78.
[82] EMC, *MD*, p. 62.
[83] EMC, *CH*, p. 32.

la falta de saber y en la ausencia de contenido. Con su grácil bailoteo parece elevar frágiles y chisporroteantes cenizas en medio de la noche.

Sus palabras parecen livianas lucecitas que se ahogan irremediables en la abismal oscuridad. Pavesas que nos recuerdan la insignificancia de toda verdad. Lucidez pintada con tenues trazos que al borrarse a sí mismos evidencian su fugacidad. "Fondane dice que «el tipo del nuevo filósofo es el pensador privado, Job sentado sobre un estercolero». Cioran pertenece a esa raza de pensadores".[84] Cual braza vertida sobre cenizas viene a despertarnos de las seguridades y los temores que nos adormilan, pues, tanto éstos como aquéllas contribuyen a la bonita mentira que inventamos y representamos todos los días, para finalmente sumirnos en profunda perplejidad. "Los despiertos, los desengañados, inevitablemente endebles, no pueden ser centro de acontecimientos debido a que han vislumbrado su inanidad".[85] Una vez despiertos de nuestras locuras queda desmentido todo asidero mental y el inevitable colofón de esta vigilia es la abulia y silencio.

En efecto, para el pensador rumano-francés solfear cualquier verdad equivale a blasfemar. Las certezas se vuelven máculas. Ante su desengañada mirada no hay verdad y toda aquella que se vocifere será el resultado de una premeditada engañifa y la consecuencia de la voluntaria degradación del intelecto. Sin duda, lo que comenta a guisa de los personajes de Samuel Beckett puede aplicarse, punto por punto, a sus propios fragmentos: "En cuanto pronuncian la menor afirmación, la minan inmediatamente con una contra-afirmación, pues afirmar es para ellos proferir futilidades: retractan y contradicen indefinidamente por temor a hundirse en alguna verdad".[86] Desconcertante reflexión en la que la palabra invita al silencio: pensar y desengaño se dan a la par.

---

[84] Sanda Stolojan, Prefacio a *De lágrimas y de santos*, p. 9.
[85] EMC, *D*, p. 13.
[86] EMC, *EA*, p. 101.

Sabedor de que la verdad no es más que una ingeniosa invención y, por tanto, una engañifa –quizá la mayor de todas-, se niega a poner en solfa cualquier certeza: "[…] único extremo válido, la verdad verdadera que anula todas las demás –denunciadas como vacías- y que está vacía también ella misma –pero con un vacío consciente de sí mismo-".[87] En suma, la verdad es extravío y derrota de la inteligencia. Para ser dueño de cualquier certeza una fuerte cuota de necedad –entendida como la ignorancia de lo desfondado de todo fundamento- e ingenuidad son necesarias. Emil Cioran: "No pisa nunca con pie seguro en el mundo de la voluntad, y durante toda su vida no quiere saber nada de pragmatismos. Recela de aquellos que pueden creer. Su odio va destinado a aquellos que pueden querer".[88]

En el fondo, la labor de zapa que emprende hacia las verdades filosóficas emula el lúcido ejercicio socrático del desengaño. Uno y otro –Sócrates y Cioran-, agazapados en su lucidez desmontan toda certeza y no permiten que permanezca piedra sobre piedra. Pensamiento tan lúcido como desconcertante que al torcerse sobre sí mismo declara su falta de cimiento: fundamento desfondado. "Su revanchismo filosófico es el negativo del agradecimiento pensante. Como ningún otro, en éste o en cualquier otro siglo, ha puesto en claro que el pensar es una ocupación ingrata".[89] Para este Sócrates balcánico las únicas verdades, si son tales, están estropeadas al momento de su nacimiento porque malogradas son abortadas. Agustín García Calvo formuló con belleza y precisión el ejercicio socrático del desengaño del modo siguiente: "Sólo acaso el que dice que no hay una verdad está diciendo la verdad; pero ello, desde luego, gracias a que con el acto de decir está borrando lo que dice y con lo que dice anulando la pretensión de su decir".[90]

Cioran, desengañado, sabe que nada hay –salvo la misma nada- fuera de la cadena de errores a los que, gustosos o no, nos atamos incesantemente. "La ciencia y la razón

[87] EMC, *D*, p. 13.
[88] Peter Sloterdijk, Op. *cit.*, p. 260.
[89] *Ibidem.*
[90] Agustín García Calvo, *Lalia. Ensayos de estudio lingüístico de la Sociedad,* p. 345.

engañan, incluso cuando dicen la verdad, tal vez sobre todo cuando dicen la verdad, pero no desengañan nunca. El desengañado no es un descreído, ni tampoco un incrédulo, sino alguien que cree en la nada".[91] Pensemos en un Sócrates extranjero que, por su condición de meteco, es tildado de sátrapa. Me gusta imaginarlo como una experta comadrona que, lejos de ayudar a los pensadores a parir certezas, provoca abortos. Sócrates consumado en el arte de la mayéutica negativa, vuelta al revés. Privado de Absoluto, de la idea del Bien y de cualquier otra. Golpeador de mentes, alumbrador de ideas estropeadas y de verdades que nacen muertas. Porque conoce lo peligroso del fanatismo ideológico, sabe que en todo portador de ideales yace oculto un desequilibrado presto a combatir a muerte por sus certezas. En efecto, los idealistas son vehementes religiosos disfrazados de pensantes. "No se mata más que en nombre de un dios o de sus sucedáneos: los excesos suscitados por la diosa Razón, por la idea de nación, de clase o de raza son parientes de los de la Inquisición o la Reforma".[92]

El pensador rumano-francés fue un obstinado cazador de ilusiones. Siempre al acecho de baladíes certezas, no se cansó de denunciarlas y, a la par, evidenciar la inexistente incompatibilidad entre el creyente y el idealista: uno y otro, tiranizados por sus certezas, son esclavos de su delirio intolerante. Cualquiera de ellos está listo para morir -o matar- por mor de sus ideas. "Siempre caen cabezas allí donde prevalece una idea; pues no puede prevalecer más que a expensas de otras ideas y de las cabezas que las concibieron o defendieron".[93] Además, todo dueño de verdades no es más que un falso iconoclasta que únicamente desbarata ideas para mejor oprimir a los otros con sus desvaríos. Cioran comprendió que las utopías y las ideologías son las hijas bastardas de las religiones y, por tales, herederas de sus lacras y demencias. "Es uno de los pocos filósofos de nuestro tiempo, si no el único, al que no se le puede acusar de religiosidad; justo por haber percibido la dosis de religiosidad que se oculta en la mayor parte de las

[91] Manuel Arranz, *Cioran y la España del desengaño*, p. 70.
[92] EMC, *BP*, p. 26.
[93] *Idem.*, p. 242.

ideologías modernas que vuelven a introducir la religión que pretenden combatir".[94] Ahora bien, en las páginas siguientes intentaré seguir la línea de pensamiento trazada por este Sócrates balcánico para, en la medida de mis posibilidades, mostrar los mitos y utopías -en especial la del progreso- que mueven la historia, pues ello permitirá entrever porque ésta es un inmenso mar de sangre.

[94] Clément Rosset, Op. *cit.*, p. 121.

Capítulo II. Mecona y Edén: Dos sueños del Paraíso perdido

> Yo creo que el hombre no debería haberse comprometido con la historia, que debería haber vivido una existencia estacional, cercana a la animalidad, sin orgullo ni ambición. No debería haber cedido a la tentación prometeica, pues Prometeo fue el gran inductor. Como todos los bienhechores, carecía de perspicacia, era un ingenuo.
>
> EMC, *CO*

> Satán, ángel caído transformado en demiurgo, comisionado a la Creación, se levanta contra Dios y se rebela aquí abajo más a gusto y con más poder que Él; lejos de ser un usurpador, es nuestro maestro, soberano legítimo que estaría por encima del Altísimo si el universo estuviese reducido al hombre. Tengamos, pues, el valor de reconocer de quién dependemos.
>
> EMC, *HU*

El propósito de este segundo apartado estriba en dar cuenta, siquiera someramente, del mito de Prometeo y de la narración bíblica del fin del paraíso puesto que, la cultura occidental es en gran medida deudora de estas dos tradiciones: la griega y la judeo-cristiana. Una y otra, relatan el alba de la conciencia del hombre –y con ésta-, la quiebra del eterno presente y el nacimiento del tiempo y la historia, que vienen a ser lo mismo. Cual hierro ardiente, estampan merced a sus mitologemas el derrotero de nuestras ideologías. Asimismo, a juicio de Cioran, dejan ver el porqué del insofocable anhelo por conquistar la deliciosa serenidad e instaurar el paraíso terrenal. A través de sus alegorías detallan dos paradisiacos vergeles: *Edén* y *Mecona*, mismos que son el cimiento de nuestra idea de felicidad. A decir verdad, su huella en la memoria es imborrable. En efecto, todo constructo ideológico, que tenga como cometido la implantación de la felicidad, descansa sobre el entarimado de aquellos mitologemas. No importa bajo qué mascarada se oculte la afición a la bienaventuranza, en el fondo, los mitos, las religiones, las utopías o las ideologías la llevan en el vientre como la madre al hijo: pretenden devolvernos el embeleso primigenio gracias a la elucubración de impecables sistemas sociales. "De las visiones mesiánicas o utópicas, las ideologías son el subproducto y algo así como su expresión vulgar".[95]

Ramas del mismo tronco –y hermanas del mismo vicio-, las utopías y las ideologías coinciden en la idea de la perfectibilidad indefinida del hombre: lo que equivale a retornar a la edad dorada. Según refiere el pensador rumano-francés, el nostálgico eco del recuerdo de la felicidad original vibra en ellas tan vigorosamente que se ha tornado en el motor de la historia, dicha reminiscencia es su resorte, tan lejana en el pasado y al tiempo tan presente. "Del mismo modo que el espíritu, el corazón forja utopías; y la más extraña de todas es la de un universo *natal*, donde uno reposa de sí mismo, un universo, almohada cósmica de todas nuestras fatigas. En la aspiración nostálgica no se desea algo palpable, sino una especie de calor abstracto, ajeno al tiempo y próximo de un presentimiento paradisiaco".[96] Ahora bien, es oportuno insistir en que al discurrir a guisa de los orígenes –porque este apartado tiene la pretensión de perorar acerca del germen de la idea de felicidad- es casi ineludible echar mano de los mitos.

> Los mitos son relatos tradicionales que cuentan la actuación extraordinaria de dioses y héroes en tiempos prestigiosos y lejanos, en acciones y gestos de carácter paradigmáticos e interés colectivo. Son hechos fabulosos referidos a un pasado que de algún modo proyecta su sombra en el presente. Un pasado que puede ser primordial, cuando hablamos del surgir de los dioses y la configuración del mundo, o más próximo, cuando tratamos de los héroes famosos de generaciones más próximas,

---

[95] EMC, *HU*, p. 132.

[96] EMC, *BP*, p. 63. (Énfasis del texto).

> los que lucharon en torno de Tebas o de Troya. En todo caso siempre se trata de otro tiempo, un *illud tempus*, en el que dioses y semidioses estaban más cercanos y se trataban con cierta familiaridad.[97]

De entre el rosario de mitos con que cuenta el ideario occidental, el mito de Prometeo ha sido, es y será una de las narraciones con mayor resonancia: "[...] el reino de Zeus son las historias griegas, de las que todavía formamos parte".[98] Lo mismo que se arguye a tenor de la mitología griega ha de decirse de la judeo-cristiana. Queriéndolo o no, seguimos atiborrándonos los pulmones con el oxígeno que emanan. Las cicatrices que han dejado en nuestra civilización son evidentes. Por ello, he intentado trazar su paralelismo ya que, entre otras cosas, refieren el origen y el derrotero de la historia. "Cuando en situaciones impenetrables y peligrosas buscamos un hilo de Ariadna que nos saque del laberinto, volvemos la mirada hacia los orígenes. [...] Los relatos del origen son los mitos, y en épocas recientes, explicaciones teóricas con sugestivo valor de orientación".[99]

La justificación de este apartado se descubre una vez que se tiene en cuenta que Emil Cioran no mostró empacho en servirse de estas alegorías cada vez que le apetecía argüir acerca de la caída en el tiempo y el itinerario de la historia. "Me gusta glosar la caída, me complazco en vivir como parásito del pecado original".[100] El tópico del pecado original es un terreno acostumbrado por él. "A veces imagino la historia universal como un gran río del pecado original. Leo y releo el Libro del Génesis y tengo la sensación de que en unas pocas páginas está todo dicho. Es muy emocionante. Aquellos nómadas del desierto tenían una visión completa del hombre y del mundo".[101] A medida que avanzamos en su lectura más se patentiza su obsesión por dar cuenta del origen del

[97] Carlos García Gual, Prólogo a *Los mitos griegos*, p. 12
[98] Roberto Calasso, *Las bodas de Cadmo y Harmonía*, p. 128.
[99] Rüdiger Safranski, *El mal o el drama de la libertad*, p. 17.
[100] EMC, *MD*, p. 99.
[101] EMC, *CO*, p. 154.

tiempo a través de las lacras de Lucifer y de Prometeo. Las referencias a estos personajes son casi omnipresentes en sus escritos.[102]

Quizá el lector perito de los textos de Cioran encuentre excesivas las páginas redactadas a tenor de los mitologemas señalados y seguramente considere más afortunado el estudio detallado de algún tópico de su obra. No obstante, dado el talante aforístico de su ejercicio pensante, resulta lícito ejecutar diversas lecturas tanto de sus libros como de estas narraciones. De modo que también en estas líneas se encuentra presente el pensador rumano-francés, pues se hizo –si tal cosa cabe- una lectura cioraniana de las mismas. Además, para tener un acercamiento meridiano de su concepción del tiempo es menester la asimilación de dichas alegorías. Por ejemplo, cuando hace mención del talante torvo y poco inteligente de Prometeo el desconcierto es obligado. No olvidemos que nuestra cultura suele considerarle como héroe del progreso y la civilización. De ordinario, la literatura tilda a Prometeo con el sobrenombre de Titán filántropo.

Pauta de lo anterior son las versiones de Esquilo y Platón, para quienes el Japetónida es bienhechor de la humanidad. Luciano de Samósata, aunque evidencia magistralmente lo ridículo de las creencias populares que le tocaron padecer, hace del Titán un dechado de la astucia. Sin embargo, cuando revisamos los versos que le dedica Hesíodo nos enteramos de que para él es un misántropo: sandio y falso benefactor. En resumen, es necesaria la lectura de la literatura citada para comprender a *qué* Prometeo se refiere Cioran y por qué se ensaña adjudicándole motes desdeñosos. El pensador rumano-francés sólo comulga con los postulados del aedo beocio, de hecho, podemos

[102] Por ello, realicé un breve recorrido a través del mito de Prometeo, en sus distintas versiones que van desde la literatura griega antigua y clásica: Hesíodo, Esquilo y Platón (ss. VIII-IV a. C.), hasta la prosa romana: Luciano de Samósata (s. II d. C.) Cierto es que estos pensadores no fueron los únicos que versaron sobre aquel mitologema, pues fue un terreno común entre poetas, aedos, sofistas, rapsodas y filósofos. Su tematización abarca diversos géneros de la literatura, tales como la poesía épica, la tragedia, el diálogo filosófico, la comedia o la sátira, entre otros. Por citar un ejemplo más, podríamos añadir la sucinta narración de Aristófanes en *Las aves* (vv. 1494-1552). En lo que concierne al mito bíblico del fin del paraíso, el énfasis únicamente recayó sobre los tres primeros libros del *Génesis*.

considerarle como fiel discípulo suyo. Es legatario de la aciaga filosofía de la historia esbozada por Hesíodo.

II.I. Versión del Mito de Prometeo en Teogonía

> La época en que los dioses y los hombres aún no se habían separado fue una edad de oro [...] Es la paz, un tiempo anterior al tiempo. Y los hombres tienen allí su espacio.
>
> Jean-Pierre Vernant, *El universo, los dioses, los hombres*

La narración del mito de Prometeo, en *Teogonía*, discurre acerca de la separación entre hombres y dioses. Relata cómo y a causa de qué los efímeros fueron expulsados del vergel de Mecona. Su destierro se debió a que el Titán falaz intentó engañar a Zeus. Recordemos que Hesíodo tiene el cometido de instruir mediante sus relatos. Una de las principales lecciones que pretende instaurar es la omnisapiencia del patrón de los Olímpicos "sabedor de inmortales designios".[103] A nadie le es lícito estar por encima de la sabiduría del Cronión. Todo exceso de saber o estulticia llevará aparejada su punición. Incluso el Japetónida, portador máximo de astucia, se mostró incompetente al embrollar a Zeus y, debido a su rebeldía, fue castigado y junto con él la estirpe de hombres, a quienes pretendía favorecer.

Según refiere el poeta de Ascra, hubo un tiempo –un tiempo sin tiempo, claro está, pues se trata del tiempo divino- en el que hombres y dioses vivían juntos, en común armonía. Moraban en el delicioso jardín de Mecona. "Existe, en especial, un lugar en Grecia, cerca de Corinto, la llanura de Mecone, donde dioses y hombres viven mezclados. Comparten las mismas comidas, se sientan a las mismas mesas y celebran banquetes juntos. Que los hombres y los dioses estén mezclados significa que cada día

[103] Hesíodo, *Teogonía*, vv. 550.

es un día de fiesta, un día de dicha".[104] A la etapa en que dioses y hombres aún no se distanciaban suele llamársele edad de oro, aunque también se le conoce como la época de Crono pues, es el periodo anterior a la Titanomaquia -la querella entre Olímpicos y Titanes-. Sin embargo, Zeus –pese a que Hesíodo pretende erigirlo como modelo y guía de sabiduría-, a partir del momento en que ocupó el trono Olímpico miró con saña al hombre. Ansiaba aniquilarle. Luego que hubo finalizado la Titanomaquia, el Crónida procedió a repartir a cada cual de los Olímpicos -y demás deidades que combatieron a su lado- la tajada del botín conseguido. Así pues, el dividendo de lotes fue repartido entre dioses.

No obstante, Zeus no podía proceder del mismo modo con el hombre: ¿Cómo vérselas de igual a igual con el insigne efímero? Con los mortales el acuerdo igual y entre iguales era tan imposible como inadmisible. Además, dentro del corazón del patrón de los Olímpicos no había lugar para éstos. De modo que optó por exigirles ofrendas, pero no prebendas cualquiera, sino ofrendas de subsistencia. En suma, pretendía matarles de hambre. Justamente en ese momento Prometeo hace su aparición. El pillo Titán resolvió el problema de los tributos haciendo un embuste a Zeus. "Puso, de un lado, en la piel, la carne y ricas vísceras con la grasa, ocultándolas en el vientre del buey. De otro, recogiendo los blancos huesos del buey con falaz astucia, los disimuló cubriéndolos de brillante grasa".[105] El Japetónida obró de manera falaz haciendo un reparto desigual entre los lotes. Al Cronión le dio a elegir entre ambas porciones de las pitanzas. Pero Zeus no podía seleccionar el conjunto de las carnes porque Prometeo las cubrió entre las vísceras y la sangre del buey dándoles aspecto repugnante, por el contrario, la ración de huesos y grasas estaba limpia. El rey de los Olímpicos no podía más que elegir la parte de los huesos, por estar despojados de sangre.

[104] Jean-Pierre Vernant, *El universo, los dioses, los hombres*, p. 58.
[105] Hesíodo, *Teogonía*, vv. 539-542.

Es evidente que Zeus -sabedor de inmortales designios- conocía de antemano las tretas de Prometeo, no obstante, fingió seguirle el juego y escogió para sí la parte de los huesos porque: "[...] estaba proyectando en su corazón desgracias para los hombres mortales e iba a darles cumplimiento".[106] Después de que hubo descubierto la artimaña, furioso, procedió a vengarse del Titán a través de sus protegidos: los mortales. "Y desde entonces siempre tuvo luego presente este engaño y no dio la infatigable llama del fuego a los fresnos, [los hombres mortales que habitan sobre la tierra]".[107] Al negar el fuego a los seres de un día, Zeus nuevamente pretendía aniquilarles pues, o bien les mataba de hambre –porque el hombre no es antropófago ni animal, le es menester cocer sus alimentos, debe asar o hervir las carnes y demás comestibles que se lleva al estómago-, o bien los devastaba como especie al tornarlos íntegramente animales; sin el fuego se verían constreñidos a ingerir sus alimentos crudos, al igual que las demás bestias. "La superchería de Prometeo irritó a Zeus contra los humanos, y retiró a éstos el uso del fuego, con ello se anulaba el beneficio de la participación, pues, obligados a devorar la carne cruda y en la imposibilidad de sacrificar a los dioses, los hombres reasumían la condición de fieras".[108]

Comoquiera, sin el fuego el hombre estaba destinado a eclipsarse. Pero he ahí que una vez más el Titán se apresuró a socorrer a la estirpe de los mortales: a hurtadillas, subió al Olimpo y robó para ellos la chisporroteante llama del fuego, disimulándola en el interior de una ramita de hinojo. "Pero le burló el sagaz hijo de Jápeto escondiendo el brillo que se ve de lejos del infatigable fuego en una cañaheja hueca".[109] De esta manera el fuego pasó a ser heredad de los hombres y con éste la civilización, porque es el sello propio de la cultura. "El fuego se convierte realmente en la marca de la cultura humana. El fuego prometeico, sustraído con astucia, es realmente un fuego «técnico», un

[106] *Idem.*, vv. 252-253.
[107] *Idem.*, vv. 562-564.
[108] M. Eliade, *Historia de las creencias y de las ideas religiosas*, pp. 271-275.
[109] Hesíodo, *Teogonía*, vv. 565-567.

procedimiento intelectual, que diferencia a los hombres de los animales y consagra su carácter de criaturas civilizadas".[110]

Por supuesto que Zeus no demoró en descubrir la nueva añagaza del Titán. Al asomarse a la tierra, entre las nubes Olímpicas, notó que a lo lejos, dentro de las casas de los hombres ardían minúsculas hogueras. "Cuando Zeus por las noches descendía su mirada desde el Olimpo, veía por todas partes pequeñas luces trémulas. Uno se puede imaginar qué pensará ahora cuando mira sobre nuestras grandes ciudades. «¡Cuántas luces! ¡Hasta dónde ha llegado la criatura de Prometeo!», pensará".[111] ¡Una vez más Prometeo había pretendido burlarle! Pero como Zeus es el campeón de la astucia, presuroso urdió una nueva treta en contra los efímeros. "Y al punto, a cambio del fuego, preparó un mal para los hombres".[112] El mal, disfrazado de bien, que les dispuso fue Pandora, la primera mujer. Cabe recordar que antes de su creación la tierra sólo era habitada por hombres.

En la época de oro: "Los humanos son únicamente varones: de la misma manera que no conocen la enfermedad, la muerte o el trabajo, tampoco conocen la unión sexual. A partir del momento en que un hombre, para tener un hijo, debe unirse a una mujer que le resulta semejante, el nacimiento y la muerte se convierten en patrimonio de la humanidad".[113] Zeus pidió a Hefestos que modelara una hermosa y núbil muchacha. Seguidamente, Atenea la cubrió con fastuosos ropajes, de pies a cabeza. "Luego que preparó el bello mal, a cambio de un bien, la llevó a donde estaban los demás dioses y los hombres, engalanada con los adornos de la diosa de ojos glaucos, hija de poderoso padre; y un estupor se apoderó de los inmortales dioses y hombres mortales cuando vieron el espinoso engaño, irresistible para los hombres".[114]

---

[110] Jean-Pierre Vernant, Op. *cit.*, p. 70.
[111] Michael Köhlmeier, *Breviario de mitología clásica I*, p. 118.
[112] Hesíodo, *Teogonía*, vv. 570-571.
[113] Jean-Pierre Vernant, Op. *cit.*, pp. 59-60.
[114] Hesíodo, *Teogonía*, vv. 585-590.

Un buen día, Zeus decide regalar la agraciada Pandora a Epimeteo. Éste al verla tan hermosa, la acepta sin chistar, haciendo caso omiso a la advertencia de Prometeo de jamás aceptar regalo ninguno de los dioses. "Pues de ella desciende la estirpe de las féminas [...] Gran calamidad para los mortales, con los varones conviven sin conformarse con la funesta penuria, sino con la saciedad".[115] Hesíodo compara a las mujeres con zánganos. Arguye que únicamente se amancebaban con los hombres por interés, mirando de reojo su hacienda y consumiendo más de la cuenta. "Pandora, al igual que todo el *génos*, toda la «raza» de seres femeninos que han salido de ella posee, precisamente, la característica de mostrarse siempre insatisfecha, reivindicativa e incontinente. No se conforma con lo que hay, pues siempre es poco para ella".[116]

Las jóvenes encuentran en los incautos varones la ocasión para ser mantenidas con el esfuerzo ajeno, echando mano de su seducción y demás trampas. "Su voz le permitirá convertirse en la compañera del hombre, ser su doble humano. Conversarán. Pero no se ha dado la palabra a la mujer para decir la verdad y expresar sus sentimientos, sino para mentir y ocultar sus emociones".[117] Si un hombre decide no emparejarse, jamás estará desprovisto de lo necesario, incluso vivirá en la abundancia, pero no habiendo quien herede su hacienda, ésta pasará a manos de sus desagradables familiares. Y por otro lado, si engendra, su vida estará condenada a la penuria. "Si se casa, desencadena una catástrofe, y si no, también".[118] A partir del momento en que la mujer hace su aparición sobre la tierra comienzan las desgracias del hombre, consumándose así su definitivo destierro de Mecone. De esta manera Zeus estropeó la existencia de los hombres. Éstos se separan por completo de los dioses en el instante en que son condenados al nacimiento y, por tanto, a la muerte. "Para reproducirse, los mortales

[115] *Idem.*, vv. 591-594.
[116] Jean-Pierre Vernant, Op. *cit.*, p. 75.
[117] *Idem.*, p. 73.
[118] *Idem.*, p. 77.

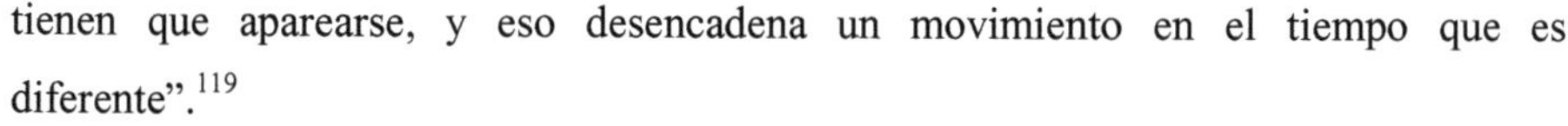

tienen que aparearse, y eso desencadena un movimiento en el tiempo que es diferente".[119]

[119] *Idem.*, p. 74.

II.II. Versión del Mito de Prometeo en Trabajos y días

> Y es que oculto tienen los dioses el sustento a los hombres; pues de otro modo fácilmente trabajarías un solo día y tendrías para un año sin ocuparte de nada. Al punto podrías colocar el timón sobre el humo del hogar y cesarían las faenas de los bueyes y de los mulos.
>
> Hesíodo, *Trabajos y días*

Los versos que Hesíodo consagra al mitologema prometeico en *Trabajos y días* apalean a explicar el origen de los males entre los mortales. El aedo refiere los porqués y los porconsiguientes Zeus quitó el fuego al hombre, condenándole a la perenne indigencia. "Pero Zeus lo escondió irritado en su corazón por las burlas de que le hizo objeto el astuto Prometeo; por ello entonces urdió lamentables inquietudes para los hombres y ocultó el fuego. Más he aquí que el buen hijo de Jápeto lo robó al providente Zeus para bien de los hombres en el hueco de una cañaheja".[120] Gracias a lo expuesto en *Teogonía* (vv. 535-617) estamos enterados de las bribonadas que el Titán le jugó al Cronión; empezando por reparto fraudulento de las carnes del buey. En venganza, Zeus ocultó la llama del fuego a los hombres, misma que fue robada –y escondida en el interior de una cañaheja hueca- y posteriormente entregada a éstos por parte de Prometeo. En adelante habría de entretejerse el interminable encadenamiento de males que hasta hoy laceran a los efímeros. El primer eslabón de las desgracias lo forjó el Titán, nuestro pretendido bienhechor. "«¡Japetónida conocedor de los designios sobre todas las cosas! Te alegras de que me has robado el fuego y has conseguido engañar mi inteligencia, enorme desgracia para ti en particular y para los hombres futuros. Yo a cambio del fuego les

[120] Hesíodo, *Trabajos y días*, vv. 47-52.

daré un mal con el que todos se alegren de corazón acariciando con cariño su propia desgracia»".[121]

Como respuesta al hurto del fuego, el Crónida ordenó a Hefesto -el dios de la fragua- que con sus habilísimas manos mezclara tierra y agua y repujara una encantadora doncella, semejante a las diosas Olímpicas. Mismas que la colmaron de admirables atavíos. Atenea, la adiestró en los comercios de tejemanejes y demás menesteres relativos al hogar. Afrodita la aleccionó en el arte de la seducción. Finalmente, Hermes fue el encargado de conferirle una mente retorcida y tramposas palabras. "Los dioses han creado un ser de tierra y agua, al que han dotado del vigor, *sthénos*, y la voz, *phoné*, de un ser humano. Pero Hermes pone también en su boca unas palabras falaces, la dota de una mente de perra y de un temperamento de ladrón".[122] Cierto es que bastante se ha discutido a guisa de la etimología del vocablo Pandora.

> Pandora, "el regalo de todos los dioses", "a la que dieron su regalo todos los dioses", "la que trae regalos a todos", o bien "la que es toda un regalo", según las variedades etimológicas posibles de su nombre (*pan*, "todo" – *doron*, "regalo"), es, un presente muy ambiguo: introduce diversos males en el mundo hasta entonces menos corrompido, un mundo de los hombres solos, pero es "un bello mal", "un mal con el que todos se gozan en su ánimo encariñándose con su propia desgracia". Una vez introducida la mujer, es malo convivir con ella, pero no menos triste es el destino de quien trata de prescindir de ella, ya que la posible mejoría económica no compensa su soledad y su muerte sin descendencia.[123]

El poeta de Ascra refiere que el nombre de Pandora se debe a que: "todos los que poseen mansiones olímpicas le concedieron un regalo, perdición para los hombres que se alimentan de pan".[124] Una vez que Pandora estuvo acabada, según las exigencias y caprichos de Zeus, éste ordenó a Hermes que la llevara al hogar de Epimeteo. El resto de la historia lo sabemos, una vez más, por lo mentado en *Teogonía*. Epimeteo -el

---

[121] *Idem.*, vv. 54-59.
[122] Jean-Pierre Vernant, Op. *cit.*, p. 72.
[123] Carlos García Gual, Op. *cit.*, p. 93.
[124] Hesíodo, *Trabajos y días*, vv. 81-83.

Japetónida idiota-[125] recibió, maravillado, a la doncella, sin cuidarse de la advertencia de su hermano acerca de rechazar todo regalo de los dioses, especialmente si los obsequios tienen como remitente a Zeus. "«Escúchame, Epimeteo, si alguna vez los dioses te mandan un regalo, es muy importante que no lo aceptes y lo devuelvas al lugar de donde ha venido.» Evidentemente, Epimeteo jura que no lo aceptará. Pero he aquí que los dioses le mandan el ser más encantador imaginable. Tiene ante sí a Pandora".[126] Ciertamente, uno no puede más que preguntarse de dónde nace el recelo de Prometeo, a qué obedece su desconfianza por admitir dádivas divinas.

Recordemos, los dioses, para poder habitar el Olimpo, arrojan todos sus males al mundo humano, por lo tanto, nada bueno procede de ellos. En una palabra, la tierra es el vertedero de los estropicios divinos. "De la misma manera que se había librado la discordia y la violencia enviándoselas a los mortales, Zeus les destina esa figura femenina".[127] Epimeteo, comprendió su errata muy tarde, pues Pandora ya residía en su hogar. El talante misógino de la literatura griega es evidente, para la sabiduría popular Helena, con el arribo de la mujer se propagan las desgracias humanas. "Temor y repugnancia se mezclan en la sensibilidad griega hacia la mujer: por una parte, está el horror por la mujer sin maquillaje, que se «levanta por la mañana de la cama más fea que las monas»; por otra, está la sospecha del maquillaje como arma del *apáte*, de un engaño invencible. El maquillaje y los humores femeninos se exaltan sucesivamente en una morbidez que enferma y debilita".[128]

A decir de Hesíodo, con el advenimiento de la mujer, los males para los seres de un día no habían más que comenzado. Mecona era desertada para siempre. "En efecto, antes vivían sobre la tierra las tribus de hombres libres de males y exentas de la dura

---

[125] "Como su nombre lo indica, Pro-meteo es el que comprende de antemano, el que prevé, mientras que su hermano, que se llama Epi-meteo, es el que comprende todo cuando ya ha ocurrido, *epi*, demasiado tarde, aquel al que siempre se la dan con queso y está permanentemente decepcionado, que no ha previsto nunca nada". (Jean-Pierre Vernant, Op. *cit.*, p. 73.)

[126] *Idem.*, p. 74.

[127] *Idem.*, p. 73

[128] Roberto Calasso, Op. *cit.*, p. 77.

fatiga y las penosas enfermedades que acarrean la muerte a los hombres [...] Pero aquella mujer, al quitar con sus manos la enorme tapa de una jarra los dejó diseminarse y procuró a los hombres lamentables inquietudes".[129] Por lo que concierne al origen de la jarra –atiborrada de males- que Pandora destapó, Hesíodo guarda silencio, pues jamás explica si aquélla ya se encontraba en casa de Epimeteo o si fue obsequiada por los dioses juntamente con ésta. Lo cierto es que de ella proceden todos los desarreglos humanos. A partir de que Pandora abrió la jarra, cual peste, la tierra entera desbordó males. El jardín placentero había sido arruinado -al menos para los hombres-.

El aedo refiere que dentro de la jarra únicamente quedó encerrada la Espera. "Sólo permaneció allí dentro la Espera, aprisionada entre infrangibles muros bajo los bordes de la jarra, y no pudo volar hacia la puerta; pues antes cayó la tapa de la jarra [por voluntad de Zeus portador de la égida y amontonador de nubes]".[130] Cabe decir que a lo largo de la historia, las disquisiciones a cerca de la naturaleza de la Espera no han cesado. No faltan quienes arguyen que ésta es de talante bueno, por supuesto hay quienes alegan lo contrario. A mí me gusta pensar que la Espera de ninguna manera puede ser un bien, pues, los dioses sólo mandaron una jarra repleta de males y no males mezclados con bienes.[131] Además, la Espera permaneció dentro de la jarra por voluntad de Zeus y, ya hemos visto que de él nada bueno proviene, por lo tanto, nada nos impide conjeturar que la Espera es quizá el mayor de los males, perversamente contenido por Zeus.

De modo que es dable que la venganza del Crónida aún no se haya consumado del todo. Probablemente, la Espera, el peor de los trastornos, aguarda sigilosa para aniquilar a los hombres por completo. Curiosamente los efímeros nos abrazamos a ésta y a Pandora como si se tratase de nuestro resguardo cuando en realidad son nuestra

[129] Hesíodo, *Trabajos y días*, vv. 90-94.
[130] *Idem.*, vv. 97-99.
[131] "Particularmente, nos parece muy ingeniosa y sugestiva la nueva explicación de W. J. VERDENIUS, quien parte de que no significa «esperanza» en sentido moral, sino «espera». De esta forma la historia resulta totalmente lógica: al decir Hesíodo que la «espera» queda dentro de la jarra quiere decir que los hombres recibían los males sin advertirlo, «sin esperárselos», lo que es precisamente una de las cualidades de las desgracias a que se refiere Hesíodo". (Aurelio Pérez Jiménez, Notas a *Obras y fragmentos*, pp. 68-69.)

perdición. "Mil diversas amarguras deambulan entre los hombres: repleta de males está la tierra y repleto el mar. Las enfermedades ya de día ya de noche van y vienen a su capricho entre los hombres acarreando penas a los mortales en silencio, puesto que el providente Zeus les negó el habla".[132]

[132] Hesíodo, *Trabajos y días*, vv. 100-104.

II.III. El Prometeo encadenado de Esquilo

> PROMETEO.- Bien sabía yo todo eso. De grado, de grado falté. No voy a negarlo. Por ayudar a los mortales, encontré para mí sufrimientos.
>
> Esquilo, *Prometeo encadenado*

Esquilo para llevar a cabo su narración del mitologema prometeico retoma, como punto de partida, el momento en que ha de efectuarse la condena impuesta al Japetónida por parte de Zeus. La escena es montada cuando Prometeo es conducido a la cumbre de las escarpadas rocas del Cáucaso por Fuerza, Violencia y Hefesto para consumar su castigo. El Titán filántropo habría de ser encadenado por las irrompibles cadenas de Hefesto -en contra de la voluntad de éste-, en lo alto del peñascal tempestuoso. Luego de la renuencia del dios de la fragua para atarle -a causa del lazo sanguíneo que les unía, según parece Prometeo era tío segundo del dios herrero-, Hefesto, finalmente es persuadido por Fuerza de llevar a cabo la encomienda del soberano del Olimpo. "Porque tu flor, el fulgor del fuego de donde nacen todas las artes, la robó y la entregó a los mortales. Preciso es que pague por ese delito su pena a los dioses, [...] y abandone su propensión a amar a los seres humanos".[133] Una vez que el hábil Patizambo hubo aprisionado al Titán entre las redes de sus grilletes, acto seguido, Violencia, Hefesto y Fuerza le abandonan a su suerte en el pináculo del despeñadero.

Tras lo cual Prometeo se desgañita lagrimeando su amargo sino, pero luego de cavilar breves instantes se le dibuja una sonrisa sardónica en el rostro, pues se blasona de su inteligencia previsora: "*¡Mirad con qué clase de ultrajes desgarradores he de luchar penosamente por un tiempo de infinitos años!* [...] ¿Pero qué digo? Sé de

[133] Esquilo, *Prometeo encadenado*, vv. 7-11.

antemano con exactitud todo el futuro, y ningún daño me llegará que no haya previsto".[134] Poco después de sus risotadas, arriban las Oceánides a contemplar sus calamidades y después de mirarle sufriendo sumiso con las cadenas de Hefesto, lloriquean por su triste destino, a la par de que se desahogan detallándole los abusos e injusticias de Zeus, nuevo patrón de los felices, y cómo ultraja violentamente a la casta de Urano. "Sí; nuevos pilotos tienen el poder en el Olimpo; y con nuevas leyes, sin someterse a regla ninguna, Zeus domina y, a los colosos de antaño, ahora él los va destruyendo".[135]

A los gimoteos de las compungidas Oceánides el Titán responde irónico que la tiranía del monarca pronto llegará a su fin y, que sólo él conoce el egregio secreto acerca de quién le derribará del trono y, más todavía, Zeus, en contra de su voluntad, habrá de liberarle de su actual punición, luego de que le rebele el secreto: "[...] aunque yo esté sufriendo infante tortura preso en estos potentes lazos, va a necesitarme el rey de los dioses, para que yo le revele un nuevo proyecto en virtud del cual será despojado de cetro y honores".[136] Entretanto, éstas le alientan para que les narre de qué cargos se le acusa, cuál es el motivo por el que se granjeó el odio de los Olímpicos y por qué yace aherrojado con los nudos de las perennes cadenas del dios de la fragua.

El Japetónida comienza relatando a las tiernas mozas la violenta querella que se suscitó, muchísimo tiempo atrás (tal vez miles de años, quién puede saberlo, después de todo es imposible calcular el tiempo divino) entre los Titanes y los Olímpicos y cómo, en un primer momento, él intentó favorecer a Crono y al resto de los Uránidas, tratando de persuadirles de vencer a Zeus mediante el embuste de la astucia y el ardid de los engaños, en lugar de servirse tan sólo de la ciega fuerza, pero aquéllos confiados en su fuerza bruta, lejos de darle oídos le echaron con desdén entre carcajadas. Tan pronto como el ladino hijo de Jápeto fue desairado por Crono y su pandilla, ni tardo ni perezoso

[134] *Idem.*, vv. 95-102-103. (Énfasis del texto).
[135] *Idem.*, vv. 149-152.
[136] *Idem.*, vv. 168-172.

decidió pasarse al bando de los Olímpicos, con los que, aparentemente, disfrutó de mejor fortuna. Éstos enseguida dieron atenta escucha a sus mañas y recomendaciones y llevándolas a cabo se coronaron con laureles al final de la lidia: "[...] en esas circunstancias, era lo mejor tomar a mi madre como aliada y de grado ponerme de parte de Zeus, que lo deseaba; y, por mis consejos, el tenebroso, profundo abismo del Tártaro cubre al viejo Crono y a sus aliados".[137]

Además de explicar a las Oceánides cómo es que su astucia fue decisiva para inclinar la balanza de la contienda a favor de los Olímpicos e instaurar el trono de Zeus, Prometeo se pavonea exponiendo la manera en que salvó a los humanos de la aniquilación maquinada por el sinvergüenza hijo de Crono: "Nadie se opuso a ese designio, excepto yo. Yo fui el atrevido que libré a los mortales de ser aniquilados y bajar al Hades".[138] El ardid mediante el cual salvó a los seres de un día, es bien conocido, Esquilo lo abrevia con elegancia y precisión: "Hice que los mortales dejaran de andar pensando en la muerte antes de tiempo. [...] Puse en ellos ciegas esperanzas. [...] Y además de esto les concedí el fuego".[139] Tras exponer a las cándidas hijas de Océano el motivo de su cautiverio, el Japetónida no muestra sonrojo en tildar al dios del trueno de cruel e ingrato puesto que, a pesar de los beneficios conferidos a los Olímpicos, fue castigado ásperamente mediante infames grilletes y crueles calamidades. Las jóvenes, después de escucharle, pasmadas le piden que encuentre la forma de liberarse del ignominioso escarmiento, no obstante, lejos de convencerle son persuadidas de dejarle padeciendo en el roquedal.

Acto seguido a la salida de éstas se presenta Océano y, al igual que sus hijas, desea serenar a Prometeo para que encuentre la manera de zafarse de la condena, al tiempo que le recomienda moderar las imprecaciones proferidas por su desenfrenada lengua, no sin antes recordarle que no es del todo sensato continuar lanzando retahílas

[137] *Idem.*, vv. 218-221.
[138] *Idem.*, vv. 234-236.
[139] *Idem.*, vv. 249-250-252.

de vociferaciones contra el rey de los felices ya que ello sólo le arrastrará a nuevas y peores fatalidades. Juntamente, le advierte que intentará pedirle en favor a Zeus que le retire la punición, a lo que el Titán se opone tajantemente pues sospecha que Océano sea castigado de forma afín a la suya. Finalmente el padre de las Oceánides es convencido – al igual que sus descendientes- de claudicar de sus intenciones y abandonar a Prometeo.

Tras prolongado silencio, Prometeo recapitula a Corifeo los regalos que confirió a los efímeros por medio del fuego. "Sí. Dentro de una caña robé la recóndita fuente del fuego que se ha revelado como maestro de todas las artes y un gran recurso para los mortales".[140] Entre las técnicas otorgadas a los seres de un día se encuentran: la carpintería, la medición de los días por medio del calendario; la albañilería, la alfarería, las matemáticas; la escritura, la agricultura, la crianza y domesticación de los animales; la pesca y la navegación, la sanación de enfermedades y laceres mediante la medicina; la manipulación de los metales; la adivinación y los presagios, sólo por traer a la memoria algunos de sus obsequios. "En resumen, apréndelo todo en breves palabras: los mortales han recibido todas las artes de Prometeo".[141] Después de reseñar las dotes obsequiadas a los hombres, el Titán grita, una vez más, que Zeus tiene en sino ser removido del trono a menos que él corra el velo que ha de salvaguardarle pues nadie, ni siquiera el Crónida, está por encima del yugo del Hado y la Necesidad:

> CORIFEO.- ¿Y quién dirige el rumbo de Necesidad?
> PROMETEO.- Las Moiras triformes y las Erinis, que nada olvidan.
> CORIFEO.- ¿Entonces, es Zeus más débil que ellas?
> PROMETEO.- Así es, desde luego. Él no podrá esquivar su destino.[142]

Luego de que Prometeo volvió a poner en solfa la inevitable fortuna del Cronión, arriba a la cresta del peñascal Ío, hija de Inaco, transformada en ternera y ataviada con fiera cornamenta, balando por el cruel destino que le tocó padecer por ser blanco del

[140] *Idem.*, vv. 110-114.
[141] *Idem.*, vv. 505-506.
[142] *Idem.*, vv. 515-518.

amor de Zeus y los celos de Hera -la joven doncella fue transfigurada en becerra por el Crónida a guisa de que éste ardía de deseo por ella, para protegerla del odio de su esposa-. Enseguida de la agitada aparición de Ío, Prometeo le indica de manera breve pero puntual cuál es su linaje, cuál su pueblo y a causa de qué yace metamorfoseada en vaquilla; por lo que atónita le suplica entre bufidos que le vaticine también cuál habrá de ser el final de su andar errático: "*¡Vamos, indícame con claridad lo que me espera aún padecer! ¿Qué remedio hay, qué medicina de mi enfermedad? Dímelo, si lo sabes. Grita y explícaselo a esta triste y errante doncella*".[143] Sin embargo, antes de que el Titán atienda a la petición de la bicorne joven, es interrumpido por Corifeo quien solicita a ésta que le describa punto por punto cómo comenzó a entretejerse la cadena de sus desgracias.

La hija de Inaco, accediendo a dicha solicitud, cuenta cómo fue expulsada de su hogar por su progenitor y cómo desde entonces hasta su actual encuentro con Prometeo, en la atalaya del Cáucaso, ha deambulado errabunda aguijada por un fiero tábano -sirviente de Hera- que le picotea las nalgas ásperamente, negándose a darle tregua. "Torturada por un tábano, en perpetuo vagabundeo angustioso, había recorrido todos los mares. A uno de ellos, cerca de Italia, había dado incluso su nombre. El amor de Zeus le había impuesto locura y maldición".[144] Ío, platica llena de congoja, cómo todo comenzó a partir de visiones nocturnas que le revelaban en sueños que Zeus la deseaba, y en ensoñaciones se le incitaba a que saliera al campo a dar rienda suelta a su grupa y a satisfacer el ardor del mandamás del Olimpo. La mozuela, asustada, expuso a su padre sus constantes visiones, por lo que éste prontamente consultó los oráculos, mismos que le hicieron saber que debería echar de casa a su pequeña hija. "Obediente a tales vaticinios de Loxias, mal de su grado y contra mi propio deseo, me expulsó de mi casa y

---

[143] *Idem.*, vv. 606-609. (Énfasis del texto).
[144] Roberto Calasso, Op. *cit.*, p. 13.

me la cerró. Inmediatamente cambiaron mi forma y mi mente, y con estos cuernos que veis [...]".[145] Se ve el tono, no hace falta citar más.

Una vez que Corifeo fue puesto al tanto de los porqués y los por consiguientes de la metamorfosis de la doncella, insta a Prometeo para que revele cuál será el final de su triste vagabundeo. El Titán describe que los infortunios de la joven encontrarán su resolución una vez que haya viajado errante el largo suelo de Europa hasta llegar al continente de Asia, tierra en que será preñada por el Crónida trayendo al mundo la simiente de que brotará el descendiente que le liberará del roquedal y matará a la fiera águila. "Hay una ciudad –Canobo- [...] Allí exactamente te dejará Zeus encinta, rozándote con su mano sin inspirarte temor alguno, con sólo tocarte. De aquí recibirá el nombre la descendencia de Zeus que parirás: el negro Épafo".[146]

Al punto, Prometeo profetiza, para consuelo de la tierna vaquilla y para propio beneplácito, que el desenlace del tirano se encuentra cercano, pues las Moiras triformes y las Erinis le han decretado ser destituido del trono por uno de sus hijos, que será más fuerte que él. A decir del Titán, Zeus habría de ser derrocado por uno de sus renuevos, tal como él hiciera con su padre Cronos y éste con el suyo, Urano. Curiosamente nadie, exceptuándole, conoce el secreto. "No existe dios que pueda mostrarle con claridad escapatoria de tales penas, excepto yo. Yo sí que lo sé y de qué manera".[147] (¡El trono Olímpico, una vez más, depende de la intrusión del caprichoso Titán!)

> PROMETEO.- Solamente yo lo puedo librar, una vez libre de estas cadenas.
> Ío.- ¿Y quién va a soltarte, si Zeus se opone?
> PROMETEO.- Preciso es que sea uno de tus descendientes.
> Ío.- ¿Cómo has dicho? ¿Que un hijo mío te va a liberar de tus sufrimientos?
> PROMETEO.- El tercero en generación después de otras diez generaciones.[148]

---

[145] Esquilo, *Prometeo encadenado*, vv. 669-675.
[146] *Idem.*, vv. 845-850.
[147] *Idem.*, vv. 912-915.
[148] *Idem.*, vv. 770-774.

Cuando Prometeo hubo terminado de narrar a la becerrilla el final de su desgraciada marcha y quién habrá de soltarle de los hierros de Hefesto, ésta le abandona gimiendo, sumida en frenética locura. "Lo cierto es que de ella procederá un audaz descendiente, célebre por su arco, que va a liberarme de estos sufrimientos. Tal es el oráculo que mi madre me reveló, la que en edad muy antigua nació, la titánide Temis".[149] Entretanto, detrás de Ío, llega Hermes al roquedal lanzando imprecaciones al Japetónida, benefactor de los efímeros y traidor de los dioses. "Ha mandado el padre que digas cuál es esa boda de que te jactas por la que él va a ser derrocado de su poder".[150] Prometeo le exhibe que nada teme al hijo de Crono pues, tiene en sino el no morir. De modo que no existe espantajo alguno que pueda hacerle cambiar de opinión y confesar su secreto antes de quedar libre de su condena. "¿Qué podría temer, si mi destino es no morir?".[151]

Además, alega ya haber presenciado la caída de dos monarcas de los dioses – Urano y Crono- y Zeus será el tercero en desalojar el trono si no le libera del roquedal. Tan pronto como Hermes hubo terminado de lanzar sus intimidaciones a Prometeo, acerca del águila que llegaría a consumirle el hígado si se resiste a revelar su secreto, el Titán le manda a paseo deliberando que nada le puede hacer flaquear. "No existe tortura ni recurso alguno con el que Zeus pueda obligarme a descubrir eso antes que me quiten estas oprobiosas cadenas".[152] Acto seguido a la salida del dios heraldo, el cielo y la tierra se sacuden entre truenos y humaredas. La cólera del rey de los Olímpicos se había desatado por completo en contra del Titán.

El águila inmisericorde estaba en camino de vérselas con las entrañas de Prometeo para picotearle el hígado durante el todo día, por la noche éste se renovaría para volver a ser devorado tras el nuevo amanecer. "*Se han confundido el cielo y el mar. ¡Tal es la*

---

149 *Idem.*, vv. 872-875.
150 *Idem.*, vv. 948-949.
151 *Idem.*, vv. 933.
152 *Idem.*, vv. 989-991.

violencia de Zeus que contra mí avanza de forma visible, intentando aterrorizarme! ¡Oh majestad de mi madre! ¡[...] ya ves qué impiedad estoy padeciendo!".[153] El tormento habría de prolongarse indefinidamente hasta que la cólera de Zeus terminase por ceder paso a su incertidumbre. "No se asiste impunemente a la instauración de un dios, sea cual sea y surja donde surja. Este inconveniente no es reciente: Prometeo lo señalaba ya, él, que era víctima de Zeus y de la nueva pandilla del Olimpo".[154] Finalmente, el mandamás del Olimpo roído por la incertidumbre y ávido de conocer el conspicuo secreto, tras un periodo de infinitos años –tanto tiempo deja entrever que su curiosidad no era tan apremiante-, envía al bravo Heracles al pináculo del Cáucaso con la encomienda de asesinar al águila y quebrar las cadenas del dios de la fragua, libertando finalmente a Prometeo.

Tristemente, la Fortuna no arropó entre su regazo la obra esquilea, los versos que dan cuenta de la liberación del Titán no se encuentran dentro de las tragedias que han llegado hasta nuestros días. Sin embargo, los estudiosos[155] de Esquilo conjeturan –casi por unanimidad- que compuso una tragedia cuyo nombre fue *Prometeo liberado*, obra funestamente perdida: "[...] sabemos el secreto de Prometeo: si Zeus se casa con la diosa Tetis, ésta parirá un hijo más fuerte que el padre. Le derrocará, como él derrocó a Crono. En la última obra de la trilogía había un trato. Se titulaba *Prometeo liberado*, con esto está dicho todo".[156]

---

[153] *Idem.*, vv. 1087-1092. (Énfasis del texto).
[154] EMC, *MD*, p. 20.
[155] Véanse los excelentes estudios introductorios a las tragedias de Esquilo de: Enrique Ángel Ramos Jurado, Esquilo, *Tragedias*, Editorial Alianza, España, 2001; Roberto Andrade Echauri, Esquilo, *Prometeo encadenado*, Fernández Editores, México, 1986; Francisco Rodríguez Adrados, Esquilo, *Tragedias*, Editorial Gredos, España, 2006; Juan David García Baca, Esquilo, *Prometeo encadenado*, Biblioteca Enciclopédica Popular No. 102, S.E.P., México, 1946; Ángel María Garibay K., Esquilo, *Las siete* tragedias, Editorial Porrúa, México, 1962. Sólo por mencionar algunos.
[156] Francisco Rodríguez Adrados, *Introducción general*, Esquilo, *Tragedias*, p. 36.

II.IV. Argumento platónico del Mito de Prometeo

> Ésta será, pues, la primera de las leyes y de las pautas que conciernen a los dioses, a la cual deberán ajustarse los discursos acerca de los dioses, si se habla, y los poemas, si se compone: que el dios no es causa de todas las cosas, sino sólo de las buenas.
>
> Platón, *República*

La narración platónica del mito de Prometeo es relativamente somera, sobre todo si se tiene en cuenta la versión de Esquilo. En el discurrir del *Protágoras* le dedica pocas líneas (vv. 320d-322d). Es oportuno no olvidar que dicho relato es narrado a través de los labios del sofista Protágoras. Ahora bien, la pronunciación del mitologema por parte del sofista de Abdera tiene como preámbulo la perorata establecida entre éste y Sócrates a propósito de la posibilidad de la enseñanza de la virtud.

Sócrates afirmaba que la virtud no es susceptible de ser enseñada, mientras que el sofista defendía que aquélla es viable de ser transmitida satisfactoriamente merced a sus sabias enseñanzas. "Así que, si puedes demostrarnos de modo más claro que la virtud es enseñable, no nos prives de ello, sino danos una demostración".[157] Luego de la interrogación lanzada por Sócrates comienza Protágoras con un breve preludio, antes de emprender de lleno su narración del mito de Prometeo. "Desde luego, Sócrates, dijo, no os privaré de ello. […] Me parece, dijo, que es más agradable contaros un mito. Hubo una vez un tiempo en que existían los dioses, pero no había razas mortales […]".[158]

A partir de este momento el sofista relata a Sócrates y al resto de sus boquiabiertos escuchas su adaptación del mitologema en el que, a su manera, ilustra

[157] Platón, *Protágoras,* 320b.
[158] *Idem.*, 320c-d.

cómo fue creado todo el género de los mortales -incluido el hombre, claro está-, merced el amasijo de la tierra y el fuego; ulteriormente las deidades encomendaron al Titán Prometeo –porque era un tipo muy avispado- que hiciera la repartición de las distintas capacidades entre todas las razas de los efímeros, de modo que cada una quedase bien proporcionada para poder subsistir tanto en privado como en especie. Sin embargo, Epimeteo, el hermano idiota de Prometeo, pidió autorización a su consanguíneo para hacer él la repartición. Petición a la que accedió Prometeo, gesto que pondría en entredicho su pavoneada astucia.

Sin más, el obtuso Epimeteo echó manos a la obra repartiendo las diversas capacidades entre todos los animales. Así, uno a uno les proveyó de alas, cornamenta, afiladas garras, abundantes plumas, numerosas patas, velocidad en el aire, agua o en la tierra, según fuese el caso; fuerza prodigiosa, orondo pelaje y un largo etcétera. "Pero como no era del todo sabio Epimeteo, no se dio cuenta de que había gastado las capacidades en los animales; entonces todavía le quedaba sin dotar la especie humana, y no sabía qué hacer".[159] El babeante Epimeteo, al dejar de lado al hombre, no le equipó de grueso pelo, ágiles alas, corvas uñas, duros cascos, prominente cornamenta, velocidad, aguijoneados colmillos, fuerza extraordinaria, etcétera, como al resto de las bestias; por el contrario, la prole de los humanos se hallaba desnuda y falta. Carecía claramente del tamaño y las dotes que le permitieran competir por subsistir frente al resto del género animal, de modo que se encontraba en franca desventaja con respecto a las otras fieras. De modo que el hombre estaba destinado a eclipsarse.

Tan pronto Prometeo se dignó a supervisar la tarea de su bobo hermano, porque la hora fijada por las divinidades para que el hombre saliera a la luz estaba en puerta, asustado notó que la estirpe de los efímeros, por su falta de aditamentos, se hallaba al borde de la desaparición. "Prometeo, apurado por la carencia de recursos, tratando de encontrar una protección para el hombre, roba a Hefesto y a Atenea su sabiduría

[159] *Idem.*, 321c.

profesional junto con el fuego [...] y, así, luego la ofrece como regalo al hombre. De este modo, pues, el hombre consiguió tal saber para su vida".[160]

Gracias al regalo del fuego la ralea de los hombres pudo, aparentemente, subsanar sus claras menguas y además fue capaz de procurarse de los medios para su alimentación. Sin embargo, en su narración Platón insinúa que con el obsequio del fuego el hombre no podía garantizar su supervivencia definitiva y erguirse como amo de los animales puesto que, a pesar de la usanza de la técnica, los humanos eran aniquilados por las bestias. Evidentemente éstos son más débiles que aquéllas y cada vez que intentaban apiñarse para salvaguardarse de las fieras terminaba por sucumbir entre las manos de sus semejantes. El hombre "[...] carecía del saber político, pues éste dependía de Zeus".[161] En cuanto se reunían los humanos inevitablemente terminaban por hostilizar entre sí, por lo que la vida en sociedad les resultaba tan inimaginable como imposible.[162]

Sorprendentemente, Zeus se conmiseró de la desventura humana y obró de buena manera otorgándoles el regalo del saber político. "Zeus, entonces, temió que sucumbiera toda nuestra raza, y envió a Hermes que trajera a los hombres el sentido moral y la justicia para que hubiera orden en las ciudades y ligaduras acordes de amistad".[163] El soberano de los Olímpicos demostró ser más perspicaz que el Titán y consiguió garantizar la subsistencia definitiva de los humanos, en sociedad, gracias a que les otorgó la añagaza de la ciencia política.

Con la prebenda de la sabiduría política el Cronión propició el florecimiento de la cultura. Juntamente a la técnica política, repartida a todos los hombres por igual, les

---

[160] *Idem.*, 321d.

[161] *Ibidem.*

[162] Nótese que Prometeo, pese a su sobrevalorada astucia, demostró ser incompetente para otorgar aquella facultad que sirviese al hombre para propiciar su supervivencia. Con la usanza del fuego a los humanos no les es suficiente para alcanzar su conservación porque el ardid de la razón, a decir del Platón, les sitúa al mismo nivel del resto de los animales. En suma, el raciocinio no confiere ninguna ventaja a la ralea de humanos sobre las bestias. De modo que, pese a la intervención y buenos deseos del Japetónida los hombres tenían como sino marchitarse.

[163] Platón, *Protágoras,* 322c.

dictó leyes mediante las cuales conducirían sus vidas civilizadamente: "Además, impón una ley de mi parte: que al incapaz de participar del honor y la justicia lo eliminen como a una enfermedad de la ciudad".[164] En el relato platónico, la astucia del Japetónida resultó limitada comparada con la sagacidad del Cronión, a Prometeo sólo le alcanzó su marrullería para mitigarlas erratas de su lerdo hermano. La torpeza de los fraternos resultó patente, mientras que Zeus demostró ser más sabio que ambos. De modo que bien puede considerársele como el adalid de la civilización. "Puesto que el hombre tuvo participación en el dominio divino a causa de su parentesco con la divinidad, fue, en primer lugar, el único de los animales en creer en los dioses, e intentaba construirles altares y esculpir sus estatuas".[165]

Platón, haciendo gala de su maestría lírica, reeditó el mito de Prometeo y consiguió tornarlo del falso mito de los poetas Hesíodo y Esquilo en uno verdadero.[166] Sólo a través de los verdaderos mitos es menester educar a la sociedad griega en la moderación, virtud y templanza. Por ello: "No debemos permitir que los jóvenes oigan cosas como las que dice Esquilo, a saber, que: *un dios hace crecer la culpa entre los hombres, cuando quiere arruinar una casa por completo*".[167] El filósofo de los omoplatos anchos consigue permutar al Zeus misántropo de la tradición en filántropo. Lo concibe como el dador de la virtud política a los hombres -sin la cual desaparecerían indefectiblemente-.

No olvidemos que Hesíodo y Esquilo consideraban a Zeus como un tirano que retorcía la justicia a su antojo, imponiendo el terror entre los dioses y los hombres.

[164] *Idem.*, 322d.
[165] *Idem.*, 322b.
[166] Luego de las consideraciones que preceden, resulta pertinente alegar que la narración platónica del mitologema prometeico consigue insertarse a cabalidad dentro de los estrechos linderos de los relatos que Platón estimó como verdaderos. En su versión proyecta una imagen benigna de Zeus para con los hombres. El soberano del Olimpo, además de propiciar el florecimiento de la civilización, mediante la imposición de leyes a los mortales y el regalo de la ciencia política, es estimado y alabado como un modelo apropiado de conducta. Ciertamente, en la adaptación platónica el Crónida se descubre en los antípodas de la malicia solfeada en las narraciones tradicionales.
[167] Platón, *República,* 380a. (Énfasis del texto).

Además de disponer a capricho de la justicia, el más joven y astuto de los hijos de Crono se congratulaba tramando desgracias para los efímeros: "PROMETEO.- Tan pronto como él se sentó en el trono que fue de su padre, inmediatamente distribuyó entre las distintas deidades diferentes fueros, [...] pero no tuvo para nada en cuenta a los infelices mortales; antes al contrario, quería aniquilar por completo a esa raza".[168] Platón -a diferencia de los cantores populares- deja entrever una actitud benigna y generosa, incluso proyecta un amor desmedido de Zeus hacia los hombres.[169] Echando mano de su incomparable maestría lírica, amañó el mito de Prometeo de tal suerte que fuese lícito de ser narrado en la Hélade. El taimado Titán pasa a segundo término y Zeus es considerado no como el tirano que desea aniquilar al género humano sino como un dios amoroso, protector y benefactor que salva a los efímeros de la destrucción.

[168] Esquilo, *Prometeo encadenado*, vv. 229-234.

[169] El Zeus platónico es un filántropo dechado de todas las virtudes. El Olímpico favorece a la estirpe humana y le salva de su ineludible destrucción merced el regalo de la ciencia política. Por el contrario, en los relatos de Homero y Hesíodo Zeus es tildado de tirano, no es una deidad que aplique la justicia recta e inquebrantablemente, sino que retuerce la ley a su antojo e impone el pavor entre los mortales y los dioses. Peor todavía, anhela la destrucción de los hombres. A decir de Platón, todo relato que dé cuenta de los dioses de modo execrable ha de ser censurado. "Tampoco permitiremos que su obra sea utilizada para la educación de los jóvenes; al menos si nos proponemos que los guardianes respeten a los dioses y se aproximen a lo divino, en la medida en que eso es posible para un hombre". (Patón, *República,* 383c).

II.V. Argumento lucianesco del Mito de Prometeo

> Yo lo único que sé es que la verdad no es totalmente grata a los oídos de quienes la escuchan, sino que su estima se ve muy superada por la falsedad.
>
> Luciano, *Hermótimo o sobre las sectas*

Para desarrollar su versión del mitologema prometeico, Luciano parte del momento previo en que el Titán iba a ser clavado en una roca del despeñadero -en las puertas del Caspio, en el Cáucaso- por Hermes y Hefesto, como escarmiento a causa de ridiculizar a Zeus. (El pensador samosatense omite de su relato, entre otras cosas, la escena del reparto fraudulento de las carnes del ternero y el acto concerniente al robo del fuego). La adaptación lucianesca del mito de Prometeo tiene como preludio una breve perorata suscitada entre el Japetónida como protagonista y Hermes y Hefesto como antagonistas; la disputa es motivada a guisa del encadenamiento de Prometeo, el Titán estima haber sido expiado injustamente por Zeus –el gran ausente de este diálogo-, ya que con sus acciones, indica, no les procuró a los dioses mal alguno sino antes al contrario.

El Japetónida despliega todo su arsenal sofístico para defenderse de las, a su entender, infundadas acusaciones y peor castigo. Hermes y Hefesto, como no tienen nada mejor que hacer, acceden a prestar oídos a su apología, puesto que luego de clavarle en la roca del Cáucaso debían esperar para asegurarse que el águila olímpica arribara para picotearle el hígado. De modo que, antes de la llegada de ésta, Prometeo se apresura a defenderse de los tres cargos que le imputó el Crónida, a saber: 1) el reparto engañoso de las carnes del novillo; 2) el modelaje de hombres y mujeres y 3) el hurto del fuego de la fragua de Hefesto y posterior regalo a los humanos.

Respecto al primer cargo, el Titán se ampara arengando que la distribución dispar de las carnes del becerro fue tan sólo una pequeña broma jugada al monarca de los Olímpicos, pues los chascarrillos son imprescindibles en las comilonas para solazar el ánimo de los convidados: "Si se priva a los banquetes de estos rasgos de ingenio –las burlas, la facultad de bromear y reírse-, lo que queda es la embriaguez, la saciedad y el silencio, cosas tristes, desagradables y muy poco apropiadas para un banquete".[170] Sin embargo, debido a que Zeus se tomó la broma tan a pecho, Prometeo le tilda de: envidioso, mezquino y represor, de ánimo innoble; colérico e infantil, miserable de espíritu y propenso a la ira, entre otros motes. A la par, alega que incluso los hombres -que se admiten más imperfectos que los dioses-, dan muestras de mayor generosidad en comparación con el Crónida cuando se les juegan bromas afines en los festines. Jamás se ha sentenciado a hombre alguno a la crucifixión por gastar guasas en los atracones. A decir de Prometeo, ya que los chascos son propios de los banquetes, el castigo que sufre por el reparto fraudulento de las carnes resulta ser más vergonzoso para Zeus que para él.

En cuanto al segundo cargo, el modelaje de hombres y mujeres, el Titán arguye que con su aparición los dioses se vieron beneficiados sobremanera porque anteriormente la tierra permanecía tórrida, yerma, estéril y sin ser labrada. De igual modo, los mares y las islas yacían inhóspitos, mas con la llegada de los mortales la tierra entera rebosó de templos, festividades, altares, prebendas, procesiones, regalos, viandas, hecatombes y libaciones; todas ofrendadas a los dioses. Asimismo, no hay sobre la tierra un solo altar o templo dedicado a él, por el contrario la gran mayoría, los más importantes y hermosos son consagrados a Zeus. Juntamente, las divinidades -especialmente el monarca del Olimpo-, no muestran sonrojo alguno para servirse de las mujeres, derramándose y procreando en ellas. Por cierto que los humanos estuvieron modelados, señala Prometeo, según el parangón divino para que fuesen competentes de

[170] Luciano, *Prometeo*, v. 8.

admirar y rendir pleitesía a los dioses. De no haber aparecido los efímeros sobre la faz de la tierra, no habría quién admirara la felicidad y magnificencia divinas. Además, de haber privado a los hombres de inteligencia serían unos brutos incapaces de apreciar la dicha divina y construir altares y ofrendar prebendas a los felices.

En lo que concierne al tercer cargo –a mi entender el más importante-, el hurto del fuego de la fragua de Hefesto y posterior donación a los humanos, Prometeo advierte que también con esta acción los dioses resultaron ampliamente favorecidos, pues el fuego es necesario a los efímeros no sólo para que cuezan sus pitanzas, sino que sin él sería imposible que elevaran las viandas a los dioses ya que las divinidades se regodean con el humo que sube en forma de espiral desde la tierra hasta el pináculo del Olimpo. No obstante, de no haber regalado el fuego, advierte el ladino Titán, resultaría imposible que los dioses se extasiaran con las prebendas entregadas.

Que me sea permitido abrir un paréntesis para dar cuenta de la importancia de las viandas que los humanos ofrendan a las divinidades. Los rapsodas y poetas han coincidido de manera unánime en argüir que el principal alimento de los dioses es el néctar y la ambrosía –porque su ingesta les confiere la inmortalidad-. Sin embargo, Luciano alega que las prebendas ofrendadas a los Olímpicos les son imperiosas, incluso por encima de la ambrosía y el néctar. A este tópico le dedica el diálogo titulado *Zeus trágico*, en el que esgrime hábilmente los porqués y los porconsiguientes sin las viandas los dioses, muertos de hambre, desaparecerían.

> ZEUS.- […] toda nuestra honra, gloria y ganancia son los hombres: si éstos se persuaden de que los dioses sencillamente no existimos, o, existiendo, no somos providentes respecto a ellos, quedaremos sin sacrificios, prebendas y honores en la tierra, y en vano nos sentaremos en el cielo, muertos de hambre, privados de aquellas fiestas, asambleas, juegos, sacrificios, festivales nocturnos y procesiones.[171]

[171] Luciano, *Zeus trágico*, vv. 18.

El hilo conductor del diálogo es como sigue: Luciano, retomando el célebre trilema epicúreo sobre la inexistencia de la divinidad, confronta a los representantes del estoicismo y del epicureísmo, donde los primeros defendían a ultranza la existencia de la divinidad –sin mucho éxito, dicho sea de paso- mientras que los segundos la negaban bravamente. Conviene recordar que el trilema consiste en argüir que, puesto que el mal existe y es innegable sobre la faz de la tierra, los dioses no existen. Desde que el hombre pisó el mundo no ha habido un solo instante en que no se hayan cometido injusticias, estupideces y atrocidades. En suma, el mal no ha dado tregua un solo momento a la justicia. Por ello, ni la divinidad ni su canturreada providencia existen, pues de ocuparse los dioses de la desventura humana las infamias acabarían al instante, peroran los epicúreos.

Puesto que el mal se encuentra irrefutablemente sobre la tierra, a decir de éstos, sólo hay tres posibles explicaciones, a saber: O dios no existe. O existiendo es un pobre diablo que quiere extinguir el mal pero le es imposible. O bien, el dios es un malvado que puede impedir el mal pero no le apetece y por lo tanto es un aciago que se congratula observando las desventuras humanas. Es así que Momo -divinidad de talante cínico, en este diálogo presta sus labios a los argumentos de Luciano-, amonesta al compungido Zeus, al verle temeroso de no recibir más prebendas de los hombres con el siguiente lance: "MOMO.- Más, para decir verdad, estamos sentados pendientes tan sólo de que alguien sacrifique y queme en los altares. Lo demás lo arrastra la corriente llevándolo al azar. Por tanto, sufrimos nuestro merecido, y aún más hemos de sufrir, a medida que los hombres alcen la mirada y descubran que ningún provecho les reporta hacernos sacrificios y procesiones".[172]

Momo reclama al Crónida el hecho de que jamás haya sido providente con los humanos pues, al estar presto tan sólo de las viandas, ha permitido una plétora de

[172] *Idem.*, vv. 22.

ultrajes entre los hombres, permitiendo que los viles pisoteen y escupan sobre los justos impunemente. A juicio de Momo, no resulta del todo ridículo que los efímeros desconfíen tanto de la existencia como de la providencia divina. "A mí y ahora, Zeus, respóndeme en verdad si alguna vez te has preocupado de los asuntos de la tierra como para determinar quiénes son buenos. No podrás decírmelo".[173] A la par, increpa Momo a Zeus, que lejos de mostrarse enfurecido de que los hombres duden de su existencia, antes al contrario, debería agradecer que aún le ofrezcan viandas. "¿O qué era justo esperar que ellos pensasen, al ver tanta confusión en la vida, y a los justos olvidados, oprimidos por la pobreza y esclavitud, mientras los perversos gozan de honra y riqueza y mandan sobre los mejores?".[174] Cierto es que Luciano se burla de las tradiciones al denunciar lo ridículo de las costumbres que exigen honrar y ofrecer pitanzas a las divinidades, puesto que éstas no existen y de existir no se ocupan en absoluto de los asuntos de los hombres. Hasta aquí el paréntesis.

Además, alega el torvo Titán, con el robo del fuego en nada disminuyó la luminosidad del Olimpo, los dioses al vivir bajo el regazo de la luz eterna del mediodía, no precisan del fuego artificial para alumbrarse, tampoco les es menester cobijarse al no padecer las inclemencias del frío. Las deidades no necesitan guisar sus alimentos pues beben néctar y ambrosía. Lejos de considerarse culpable de delito alguno, el Japetónida acusa al Cronión y a su pandilla de Olímpicos de envidiar a los hombres: "Envidia es, notoriamente, esta cuestión: privar a quienes lo necesitan de la participación en unos bienes por cuyo disfrute en nada vosotros resultáis perjudicados".[175] Prometeo alega que los humanos se muestran más magnánimos que Zeus porque a nadie crucifican cuando se les gastan bromas en las comilonas; cuando a los efímeros les sirven huesos recubiertos de grasa –a lo más abofetean al bufoncillo-. Asimismo, el Crónida es un envidioso de los hombres porque, además de querer negarles el fuego, maquina su

[173] *Idem.*, vv. 21.
[174] *Idem.*, vv. 19.
[175] Luciano, *Prometeo*, vv. 18.

desgracia, raptando y violando a las más hermosas de las doncellas y de los efebos. Recelosos, los dioses griegos: "Eran a la vez protectores y enemigos, que tan sólo toleraban en el hombre una forma de desmesura: en la desdicha. En todo lo demás, eran envidiosos, y una felicidad insolente de sus esclavos suscitaba inmediatamente su envidia salvaje".[176]

Luciano ridiculiza con mordaz sorna a Zeus –y juntamente de éste a las creencias populares-, el mandamás del Olimpo resulta vencido por la astucia del Titán. El Japetónida cual hábil sofista es capaz de enderezar una causa aparentemente perdida, permutando -según la usanza socrática- el argumento más débil en el más fuerte. Prometeo esgrime hábilmente –ante los fieros Hermes y Hefesto- los porqués lejos de sufrir el castigo de ser clavado y encadenado en el despeñadero del Cáucaso, merecería ser gratificado con la manutención a costa de las arcas Olímpicas –emulando anacrónicamente la ironía con que Sócrates se defendiera en la *Apología*-, ya que haciendo alarde de la etimología de su nombre (Prometeo es el que prevé, el que se anticipa a los hechos, el que sabe de antemano), no sólo previó por el bien de los dioses, sino que veló por el propio.

Muestra de ello es la sorna con que responde a la incógnita del perplejo Hermes: "Pero lo que me sorprende es que, siendo adivino, no previeses que ibas a ser castigado por todos estos motivos. Zeus me liberará a cambio de un favor nada trivial".[177] El favor de Prometeo para con Zeus consiste en advertirle de no copular con la ninfa Tetis, pues de llegar a consumarse la unión de sus muslos, el monarca de los Olímpicos sería derrocado indefectiblemente del trono por su hijo, tal como anteriormente había hecho Zeus con su padre, Crono y éste con su progenitor, Urano. Como pago a esta advertencia el Titán habría de ser absuelto de los cargos imputados y liberado de las cadenas del Cáucaso, revelando así mayor sapiencia que Zeus.

---

[176] EMC, *CU*, p. 173.
[177] Luciano, *Prometeo*, vv. 20-21.

PROMETEO.- No se te ocurra hacer el amor con ella, pues si quedara embarazada de ti, el hijo que naciera te haría lo mismo que hiciste tú a…
ZEUS.- ¿Estás diciendo que seré derribado del poder?
PROMETEO.- Ojalá no sea así, pero la unión con ella comporta esta amenaza.
ZEUS.- Que se vaya a hacer puñetas entonces Tetis. Y a ti por tu información te suelte Hefesto.[178]

Luciano no concluye su versión del mitologema prometeico con la cita que precede, no obstante, es oportuno traerla a cuento pues al final de su *Prometeo* deja entrever el afortunado sino que le deparará al Titán: "HERMES.- (*A Prometeo*). Resiste con ánimo fuerte. Ojalá aparezca pronto el arquero tebano de que hablas, a liberarte de ser despedazado por el ave".[179] Además, el argumento de la astucia prometeica es retomado por Luciano en *Diálogos de los dioses*; mientras que la trama de la estrecha relación que se da entre hombres y dioses es tematizada en su *Zeus trágico*. En resumen, los argumentos que blande Prometeo, de porqué es más sabio que Zeus y además merecedor de ser laureado por los Olímpicos son como siguen:1) por solazar la comilona de los dioses con su ingeniosísima broma y así arrancarles del insoportable sopor; 2) por haber modelado a los seres humanos ya que éstos atavían la tierra de altares, templos, prebendas y sacrificios; igualmente, los dioses se complacen en unirse carnalmente a las mujeres y engendrar con ellas y 3) por haber hurtado el fuego a los dioses, éstos recibieron el humo ofrendado por los humanos cuando queman los huesos y las grasas de los animales.

Luciano se congratuló arremetiendo en contra de las tradiciones populares, al asegurar que la divinidad ni es providente ni existe. Además de que ningún provecho les reporta a los hombres hacer sacrificios a los dioses, ni procesiones a los templos y altares. En una palabra, la creencia en la deidad no es más que necedad y locura. "Son las épocas sin una fe precisa (como la helenista o la nuestra) las que se atarean en clasificar a los dioses, rehusándose a dividirlos en verdaderos y falsos. La idea de que

[178] Luciano, *Diálogos de los dioses*, *Prometeo y Zeus*, VIII 2.
[179] Luciano, *Prometeo*, vv. 21.

puedan equivalerse todos es, por el contrario, inadmisible en los momentos en que domina el fervor".[180] Con clarividencia, el samosatense supo diagnosticar el ocaso de sus deidades, pensando que sin ellas, los hombres quedarían libres de las chifladuras propias del fanatismo religioso. Sin embargo, no previó que sobre la tumba del Panteón griego y romano bailotearía gustoso el cristianismo, el cual, lejos de liberar a los hombres, les ataría con cadenas aún más férreas. "El cristianismo se ha servido del rigor jurídico de los romanos y de la acrobacia filosófica de los griegos, no para liberar al espíritu, sino para encadenarlo".[181] Cuanto más se mira la historia, más evidente resulta que al hombre le es imposible vivir sin dioses, les son tan necesarios como la teta a los críos. Y, si por momentos parece prescindir de ellos es tan sólo para cambiarles de nombre o sustituirles la geta. "Aparentemente, el hombre se ha proporcionado dioses por necesidad de estar protegido, resguardado; en realidad, por avidez de sufrir".[182]

Cabe decir que en los días que corren atravesamos por un lapso similar a la postrimería griega y romana, pues -aparentemente- cada vez más desengañados y menos crédulos, asistimos a la expiración de los dioses tradicionales. Roberto Calasso, describe como sigue la situación contemporánea: "Se dan dos regímenes de relaciones entre los dioses y los hombres: el convite y el estupro. El tercer régimen, el moderno, es la indiferencia, pero supone que los dioses ya se han retirado. Por lo tanto, si son indiferentes, es también indiferente para los hombres que existan o no. Ésta es la peculiar situación moderna".[183] No obstante, pese a la indiferencia religiosa, cada vez más democratizada, la divinidad -por lo bajo- continúa omnipresente y lejos de estar muerta yace más viva que nunca. Detrás de la mascarada del dinero -único y verdadero Dios actual- aplasta a todos por igual, pocos están exentos de rendirle pleitesía cada uno sus días. Las más de las empresas humanas yacen supeditadas a él. Y, lo que es peor, no se ve para cuándo pueda expirar ni cómo pueda ser destronado, sino que amanezca con

[180] EMC, *MD*, p. 25
[181] *Idem.*, p. 24.
[182] *Ibidem.*
[183] Roberto Calasso, Op. *cit.*, p. 54.

apoltronarse definitivamente. Resulta difícil localizar periodo histórico más creyente y fervoroso que el nuestro. Incluso, en la Edad Media había incontables perjuros e infieles. Tristemente, ahora es casi imposible tropezarnos con algún profano.

II.VI. Creación del mundo merced a la Palabra Divina

> Dijo, pues, Dios: Sea hecha la luz. Y la luz quedó hecha. Dijo asimismo Dios: Haya un firmamento o una gran extensión en medio de las aguas, que separe unas aguas de otras.
>
> *Gén*

El relato bíblico de la creación refiere la manera en que Dios creó el cielo, la tierra, los astros, las plantas, los animales y al hombre. Comienza narrando cómo, en el primer día, formó el cielo y la tierra y cómo éstos además de informes estaban vacíos, cubiertos de espesas tinieblas y bordeados por inmensos abismos. Sin embargo, Dios procedió a organizarlo todo mediante su palabra. Lo primero que hizo fue separar la luz de la oscuridad, dando así lugar al día y a la noche. Y vio Dios que aquello era bueno. En el día segundo retiró a los mares del enorme firmamento. También observó que era bueno. Al día siguiente, dislocó las aguas de la tierra; después ordenó que la tierra produjese plantas y frutos y así quedó hecho. Igualmente notó que lo realizado era bueno.

El cuarto de los días lo dedicó a forjar a los astros que iluminan el anchuroso cielo y que permiten distinguir días, semanas, meses, estaciones y años. Asimismo, hizo dos lumbreras magníficas, a la mayor de las cuales la nombró sol y a la pequeña luna. La primera alumbra desde entonces al día, mientras que la segunda irradia en la noche. También observó que era bueno. Al quinto día, Dios dijo que se originasen los animales terrestres, los marinos, las aves y todos aquéllos que habitan la ancha tierra, los profundos mares y el majestuoso cielo. Luego les ordenó que creciesen y se multiplicasen. De igual manera dijo que lo obrado era bueno. Al día siguiente, el sexto, Dios creó al hombre:

> Hagamos al hombre a imagen y semejanza nuestra; y domine a los peces del mar, y a las aves del cielo, y a las bestias, y a toda la tierra, y a todo reptil que se mueve sobre la tierra. Creó, pues, Dios al hombre a imagen suya: a imagen de Dios le creó; los creó varón y hembra. Y les echó Dios su bendición y dijo: Creced y multiplicaos, y henchid la tierra, y enseñoreaos de ella, y dominad a los peces del mar y a las aves del cielo y a todos los animales que se mueven sobre la tierra.[184]

Dios también observó que lo obrado hasta ese momento era bueno. Finalmente, el séptimo de los días lo dedicó a descansar. "Y bendijo al día séptimo; y le santificó, por cuanto había Dios cesado en él de todas las obras que creó hasta dejarlas *bien* acabadas".[185]

---

[184] 1 *Gén* 26-28.

[185] 2 *Gén* 3. (Énfasis del texto).

II.VII. El fatídico fruto

> Había plantado el Señor Dios desde el principio un jardín delicioso, en que colocó al hombre que había formado, y en donde el Señor Dios había hecho nacer de la tierra misma toda suerte de árboles hermosos a la vista, y de frutos suaves al paladar; y también el árbol de la vida en medio del paraíso, y el árbol de la ciencia del bien y del mal.
>
> *Gén*

Hizo Dios, mediante la articulación de su palabra, un delicioso jardín y colocó en su centro al hombre -a quien forjó según su imagen y semejanza- para que le gozase y cuidase. En medio del paradisiaco vergel plantó dos árboles majestuosos: el árbol de la vida y el árbol de la ciencia del bien y del mal. Al interior del Edén el hombre disfrutaba de todo cuanto le apeteciese, excepto del fruto del árbol del saber. "Tomó, pues, el Señor Dios al hombre, y le puso en el paraíso de delicias, para que le cultivase y guardase. Le dio también este precepto diciendo: Come, si quieres, del fruto de todos los árboles del paraíso; más del fruto del árbol de la ciencia del bien y del mal, no comas: porque en cualquier día que comieres de él infaliblemente morirás".[186] No obstante, a Dios no le pareció buena la idea de que el hombre residiera solo en su paraíso –sólo Él, el más solo entre los solos entiende de soledad-; la mujer, sempiterna compañera del hombre aún no había sido formada.

Ahora bien, el Creador, antes de fraguar a la mujer, reunió a todas las bestias y encargó a Adán que les diera nombre. "Formado, pues, que hubo de la tierra, el Señor

[186] 2 *Gén* 15-17.

Dios todos los animales terrestres, y todas las aves del cielo, los trajo a Adán, para que viese cómo los había de llamar: y en efecto todos los nombres puestos por Adán a los animales vivientes, ésos son sus nombres propios".[187] Luego que Adán hubo terminado su divina comisión, fue puesto a dormir hondamente por Dios, puesto que tenía proyectado hacerle una compañera. El Creador le extrajo una costilla y de ella formó a una mujer. "Y dijo o exclamó Adán: esto es hueso de mis huesos, y carne de mi carne: llamarse ha, pues, hembra, porque del hombre ha sido sacada. Por cuya causa dejará el hombre a su padre, y a su madre, y estará unido a su mujer: y los dos vendrán a ser una sola carne".[188] En adelante, hombre y mujer caminaban y vivían juntos en el paraíso. La feliz pareja moraba desnuda, al igual que el resto de los animales, sus compañeros del idílico vergel, sin sentir vergüenza pues, obedientes e inconscientes, ignoraban todo saber, salvo la prohibición de su Creador. "Y ambos, a saber, Adán y su esposa, estaban desnudos, y no sentían por ello rubor ninguno".[189]

---

[187] *Idem.*, 19.
[188] *Idem.*, 23, 24.
[189] *Idem.*, 25.

II.VIII. La expulsión del Jardín de las delicias

> Mediante el sudor de tu rostro comerás el pan, hasta que vuelvas a confundirte con la tierra de que fuiste formado; puesto que polvo eres, y a ser polvo tornarás. [...] Y le echó el Señor Dios del paraíso de deleites, para que labrase la tierra, de que fue formado.
>
> *Gén*

Una vez instalada la primera pareja en el paraíso, la serpiente -el animal más taimado de todos, por supuesto más astuta que Adán y que Eva, según cuenta el *Génesis*- se acercó a Eva, interrogándole los porqués de la prohibición de su Creador de no comer jamás del fruto del árbol del saber. A lo que la mujer contestó: De todos comemos, menos del situado en medio del Edén, pues Dios nos ha advertido que su ingesta nos acarreará inevitablemente la muerte. Claro que la réplica de la serpiente no se hizo esperar y, entre carcajadas, la ladina escupió sus palabras embaucadoras según las cuales Dios envidiaba a sus creaturas, especialmente a Adán y a Eva, y por celos les prohibió consumir del fruto del conocimiento, persuadiendo así a la primera mujer de que tragase él. "Sabe, Dios que en cualquier tiempo que comiereis de él, se abrirán vuestros ojos y seréis como dioses, conocedores de todo, del bien y del mal. Vio, pues, la mujer que el fruto de aquél árbol era bueno para comer y bello a los ojos y de aspecto deleitable, y cogió del fruto y le comió: dio también de él a su marido, el cual comió".[190]

Luego de que marido y mujer saborearon el fruto prohibido, al instante sus ojos fueron abiertos. Lo primero que notaron fue su desnudez, la vergüenza se había apoderado ya de ellos -como el pavor de un conejito frente a un lobo- y presurosos

[190] 3 *Gén* 5, 6.

huyeron a zurcirse, con hojas de higuera, vestimentas que cubrieran sus partes pudendas. Poco después, al escuchar la voz atronadora de su Creador corrieron a esconderse al interior del vergel. "Entonces el Señor Dios llamó a Adán, y le dijo: ¿Dónde estás? El cual respondió: He oído tu voz en el paraíso, y he temido y llenándome de vergüenza porque estoy desnudo, y así me he escondido".[191] Dios preguntó a Adán quién le había advertido de su desnudez, éste culpó a Eva y ella a su vez inculpó a la serpiente. El Creador maldijo a la serpiente, expiándola a arrastrarse sobre su pecho -naturalmente, uno no puede más que preguntarse cómo andaba la serpiente en el *Edén* antes de su treta- a respirar polvo y a comer tierra y fango durante toda su existencia. De igual manera, condenó a enemistad perenne a los hijos de Eva y a los descendientes de la serpiente.

Asimismo, castigó a la mujer con dolores indecibles durante el parto y al señorío de su marido sobre ella. "Y a Adán le dijo: Por cuanto has escuchado la voz de tu mujer, y comido del árbol de que te mandé no comieses, maldita sea la tierra por tu causa; con grandes fatigas sacarás de ella el alimento en todo el discurso de tu vida".[192] He ahí el nacimiento de los males que de sobra conocemos todos los renuevos de aquella pareja: el trabajo, la fatiga, las enfermedades, las matanzas, la penuria, el hambre, la envidia, las mentiras, el dolor durante el alumbramiento, sólo por mencionar algunos. A continuación, Dios atavió con pieles a Adán y a Eva: "Y dijo: Ved ahí a Adán que se ha hecho como uno de nosotros, conocedor del bien y del mal; ahora pues, echémosle de aquí no sea que *alargue su mano*, y tome también del fruto del árbol de conservar la vida, y coma de él, y viva para siempre".[193] Luego expulsó para siempre a la pareja del paradisiaco jardín. "Y desterrado Adán, colocó Dios delante del paraíso de delicias un

[191] *Idem.*, 9, 10.
[192] 3 *Gén* 17.
[193] *Idem.*, 22. (Énfasis mío).

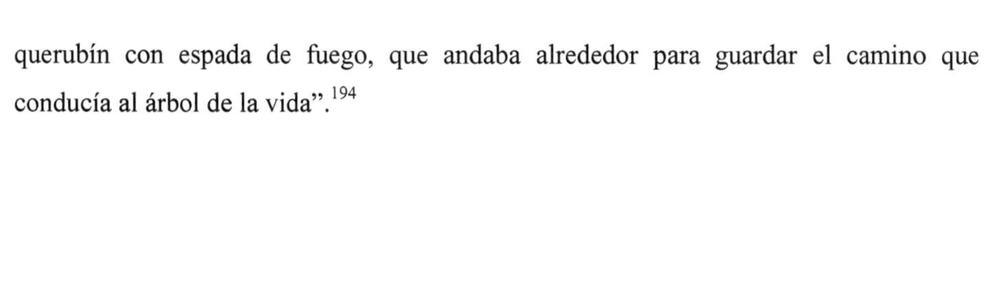

querubín con espada de fuego, que andaba alrededor para guardar el camino que conducía al árbol de la vida".[194]

[194] *Idem.*, 24.

Capítulo III. Las dos caídas: Caer en el tiempo y caer del tiempo

> En lo más íntimo de sí mismo el hombre aspira a alcanzar la condición que tenía *antes* de la conciencia. La historia es sólo el rodeo que da para conseguirlo.
>
> EMC, *DI*

Luego de revisar los mitos aludidos es natural encontrarles paralelismos. Como señalé en las primeras líneas del capítulo segundo de este trabajo, Cioran no se cansó de recurrir a ellos siempre que cavilaba a propósito del tópico de la caída en el tiempo; estas alegorías fueron el suelo en que florecieron sus meditaciones acerca del origen de la historia. Las referencias a Lucifer y Prometeo, protagonistas de estas narraciones, son insistentes en sus textos. Aunque con diferencias considerables, ambos mitologemas coinciden en relatar la expulsión del hombre de la eternidad y su ulterior precipitación en la historia a causa de la irrupción de la razón. Uno y otro, comulgan en que la ciencia es la fractura del eterno presente y la apertura al tiempo: convienen en que el conocimiento es la navaja que escindió el cordón umbilical que nos ligaba a la bienaventuranza, separándonos definitivamente de nuestra paradisiaca ignorancia. "Nos hemos convertido en *hombres y hemos salido del paraíso del ser*. *Éramos* Absoluto. El conocimiento ha levantado un muro insalvable entre el hombre y la felicidad".[195]

Según refiere el pensador rumano-francés, razonar implica distanciarse de la felicidad: saber es sinónimo de desdicha. "El saber y los sentimientos raras veces hacen buenas migas. […] *La tragedia del hombre es el conocimiento*. Para mí, el título más hermoso que se haya dado jamás a un libro es *Bewusstsein als Verhängnis* («La conciencia como fatalidad»). Lo escribió un alemán, el libro no es bueno, pero *ese título*

[195] EMC, *OP*, p. 299. (Énfasis del texto).

es la fórmula que resume mi vida".[196] Algunas de las conclusiones que obtiene Cioran, luego de explorar dichos mitos, son las siguientes: la historia se inaugura con el conocimiento; conocer es atentar contra la anónima e idílica ignorancia. "Mirar sin *comprender*: eso es el paraíso. El infierno será, pues, el lugar donde se comprende demasiado".[197] Desde los inicios del andar humano, el saber y la felicidad son incompatibles; situándose en las antípodas, se excluyen mutuamente. El conocimiento es un callejón sin salida, puesto que llevó al derrumbe del paraíso. "Sólo ha habido un descubrimiento en la historia mundial. Se encuentra en el primer capítulo del Génesis, donde se habla del árbol de la vida y del árbol del conocimiento. El árbol del conocimiento, es decir, el árbol maldito. La tragedia del hombre es el conocimiento".[198] Gracias a la conciencia pasamos de ser mortales a agonizantes: sólo mueren verdaderamente las creaturas conscientes de su propia muerte. Los animales, por el contrario, ignorando su fallecimiento jamás fenecen. "Durante milenios no fuimos más que mortales; henos aquí hoy por fin promovidos al rango de moribundos".[199]

---

[196] EMC, *CO*, p. 31. (Énfasis mío).
[197] EMC, *DI*, p. 34. (Énfasis del texto).
[198] EMC, *CO*, p. 31.
[199] EMC, *EMY*, p. 196.

III.I. Caer en el tiempo o el comienzo de la Historia

> Después de haber echado a perder la verdadera eternidad, el hombre ha caído en el tiempo donde ha conseguido, si no protestar, al menos vivir: lo cierto es que se ha acomodado en él. El proceso de esta caída y de este acomodo lleva por nombre Historia.
>
> EMC, *CT*

Por un lado, la *Biblia* describe que el albor de la razón en el hombre, su caída y la apertura al tiempo acaecen juntamente como resulta de la rebeldía de Adán: mácula avivada por el ángel sedicioso, claro está. "Los cristianos tienen razón al explicar la Historia por la caída. El pecado de Adán es el primer acto histórico, es decir, el primer acto contra el espíritu o distinto de él. *En* el espíritu, en su ley, no existe la Historia. La Historia es un deslizamiento desde el seno de la vida, un salto fuera de ella".[200] El mito judeo-cristiano del fin del paraíso refiere que conciencia, caída, tiempo e historia coinciden y se confunden en sus inicios.

Ahora bien, Cioran alega que Lucifer es legítimo precursor de la ciencia y del tiempo. Fue él quien sedujo a Adán y a Eva para que desobedecieran la prohibición de su Creador de no comer jamás del fruto del árbol del saber del bien y del mal; la ingesta del infausto fruto les trajo la intrusión de la conciencia, granjeándoles como inexorable corolario su expulsión del Edén y el comienzo del tiempo, con todo lo que ello acarrea, a saber: muerte, trabajo, miseria, enfermedad, mentiras, matanzas, hambre, odio, vicios, dolor en el alumbramiento, sólo por mencionar algunas de las innúmeras calamidades. "El tiempo ha roído los cimientos del paraíso. La serpiente no ha sido solamente

[200] EMC, *LQ*, p. 51. (Énfasis del texto).

instrumento del conocimiento, sino también del tiempo".[201] De este modo, el ángel insurrecto excitando la insubordinación primera, se tornó en patriarca del tiempo. Por supuesto que la osadía de Satán no habría de quedar impune. Recordemos que fue expelido perpetuamente del paraíso, condenado a arrastrarse sobre su pecho y a tragar polvo durante toda su existencia. Conviene no olvidar que el Dios del antiguo testamento lo es todo salvo cándido: ávido de venganza, fácilmente encuentra parangón con las deidades helenas. En cuanto a odio, rivaliza con Zeus, el más retorcido de los dioses Olímpicos.

Por otro lado, la mitología griega describe el amanecer de la racionalidad a través de los versos del mito de Prometeo. El Titán filántropo, profanando la negativa del mandamás de los Olímpicos de entregar a los hombres la chisporroteante llama del fuego -porque éste es el sello específico de la civilización-, lo confirió a aquéllos, aguijoneando la saña de Zeus, quien iracundo les desterró del delicioso vergel de Mecona. Al Japetónida lo encadenó en la atalaya del peñascal del Cáucaso, enviándole inmisericorde águila para que le picoteara el hígado. Su tormento habría de prologarse incontables años. Mientras que el exilio de los hombres del idílico prado sería definitivo. "Al despertarlos al espíritu, al separarlos de esas «fuentes» de las que antes gozaban sin buscar sondear sus profundidades o su sentido, Prometeo no les otorgó la felicidad, sino la maldición y los tormentos del titanismo".[202] La expatriación de Mecona nos encaminó hacia el derrotero histórico, y al igual que en el mito bíblico del fin del paraíso, nos deparó muerte, trabajo, congoja, achaques, cólera, violencia, rapacerías y todas las desdichas que a diario tocan a nuestra puerta.

Así, pues, Satán y Prometeo, sublevándose contra la deidad suprema, otorgaron la reflexión al hombre: el primero excitando la ingesta del fruto del conocimiento, el segundo donándole el fuego civilizatorio. En efecto, ellos son los precursores de la

---

[201] *Idem.*, p. 118.
[202] EMC, *HU*, p. 141.

humanidad sapiente, y por sapiente, condenada a muerte y temerosa de la misma. Sus acciones les convierten en responsables de arrojarnos de la eternidad al tiempo y de la inmortalidad a la agonía. "El gesto de Lucifer, como el gesto de Adán, uno precediendo a la Historia, el otro inaugurándola, representan los momentos esenciales del combate para aislar a Dios y descalificar su universo. Ese universo era el de la felicidad irreflexiva en lo indivisible".[203] Caras de la misma moneda: héroes o anti-héroes; filántropos o misántropos, poco importa cómo prefiera llamárseles, en cualquier caso, son genuinos precursores de la historia. Ambos nos despertaron la conciencia, liberándonos para siempre de nuestra indolente y paradisiaca estupidez. Uno es el correlato del otro.

Ahora bien, si tuviese que simplificar algunas de las semejanzas que se dan en estos mitologemas, apuntaría las siguientes: Primera, estas alegorías dan cuenta del origen del saber. Segunda, en ellas el hombre concibe al conocimiento como ajeno o extraño a sí mismo –dádiva del fuego de Prometeo- o como el producto de su desobediencia y ulterior caída, ingesta del fruto del saber del bien y del mal, espoleada por Lucifer. Tercera, el hombre se piensa como una bestia distinta a las demás. Se sabe extranjero en el reino animal puesto que ha extraviado, por así decirlo, su carta de nacionalidad. Reconoce que gran parte suya sigue perteneciendo al gobierno de las fieras pero que él no es completamente animal ni enteramente divino, sino que participa de ambas naturalezas: es ciudadano y extranjero de dos mundos. "La inconsciencia es una patria; la conciencia, un exilio".[204] El hombre es meteco e indígena: a causa de su discernimiento abandonó su hogar, tornándose así en perpetuo indigente.

Además de lo expuesto, cabe apuntar que en estas narraciones se encuentra el alba del lenguaje: subterfugio por excelencia del animal errante. No es del todo ocioso tomarse el tiempo de meditar, aunque sea de pasada, de qué manera nos fue transmitida

[203] EMC, *CT*, pp. 76-77.
[204] EMC, *DI*, p. 129.

la vociferación. Primero, ilustremos cómo es que Prometeo nos concedió el fuego Olímpico. Hesíodo alude que una vez que éste hubo robado la llama del fuego al Crónida, acto seguido lo ocultó en el interior de una cañaheja hueca: "Pero le burló el sagaz hijo de Jápeto escondiendo el brillo que se ve de lejos del infatigable fuego en una hueca cañaheja".[205] Permitiéndonos un poco el ejercicio de la imaginación –sin ésta no seríamos más que unos perfectos imbéciles- no resulta aventurado asociar la ramita hueca con la faringe y trazar así el símil de ésta con la garganta de Prometeo. Lo que vendría a significar que el fuego fue oculto en su tráquea y ulteriormente transmitido, en forma de vociferación, a la garganta del hombre puesto que nuestro saber se exterioriza, en mayor medida, a través de la locución de palabras. Bien mirado el asunto, el Japetónida escondió el fuego dentro de su garganta y nos lo participó por mor de su soplo.

> PROMETEO. ¡Ya lo tengo, lo tengo! ¡Es mío! ¡Todo el mundo es mío ya! Se lo quité: le he engañado. Míralo aquí. Sí, yo, el Titán, yo, el derrotado Prometeo, te he engañado, padre Zeus. [...] ¿No lo veis?: lo tengo aquí en toda la boca. ¿No lo veis cómo llamea y relampaguea y chisporrotea? Soy un Zeus, un pequeño Zeus. ¿Pequeño? ¡No!: Tan grande y más que Zeus. Yo era mudo: mu mu, mudo: era mudo igual que un buey [...] Yo le he robado su arma: yo me escurrí hasta el gran salón de gala del Olimpo; allí me escondí tras cortinas; y espiaba; y vi, y oí su secreto; y con paciencia fui aprendiendo a silabear, luego a hacer frases, luego... ¡el fuego!, ¡el fuego divino le robé! ¡Ssssschssch! Lo he metido en esta cañaheja hueca: ¿veis?: ¿lo oís vibrar? ¿Veis la flor, la llamarada que echa mi boca?[206]

Claramente, la boca y la garganta juegan un papel importantísimo en la transmisión del vocablo divino al hombre. En el caso de la mitología griega, con el endoso del fuego, los mortales nos metamorfoseamos en pequeños Zeus. Algo similar sucede en la *Biblia*, en particular, en los tres primeros capítulos del *Génesis*: la donación del alma racional se da como soplo, proviene de la garganta de la deidad. Una vez que Dios hubo moldeado al hombre de la arcilla procedió a darle vida a partir de su hálito.

[205] Hesíodo, *Teogonía*, vv. 565-567.
[206] Agustín García Calvo, *Tres farsas trágicas y una danza titánica*, pp. 100-101.

"Formó, pues, el Señor Dios al hombre del lodo de la tierra, y le inspiró en el rostro el soplo o espíritu de vida, y quedó hecho el hombre viviente con alma racional".[207] La disposición racional –no el cabal uso de la razón- es la dádiva conferida al hombre mediante el aliento de Dios.

Efectivamente, tanto la inteligencia divina como la humana se manifiestan gracias a la vociferación. El hombre, de manera análoga a su Creador, es un palabrero que construye su mundo con el subterfugio de las palabras, si bien, en ínfima medida en comparación con Aquél. Conviene recordar que el Dios bíblico creó el mundo a partir de su Verbo, le bastó articular palabras para formarlo. Sin embargo, no es obrero, al modo del demiurgo platónico u otras deidades menores. Jamás se ensucia las manos, le es suficiente hablar para crear, le basta el empleo de su voz: "*Dijo, pues, Dios*: Sea hecha la luz. Y la luz quedó hecha. Y vio Dios que la luz era buena, y dividió la luz de las tinieblas. [...] *Dijo así mismo Dios*: Haya un firmamento o una gran extensión en medio de las aguas, que separe unas aguas de otras. *E hizo Dios* el firmamento y separó las aguas que estaban debajo del firmamento. [...] *Dijo también Dios* [...]".[208] Se ve el tono, no hace falta citar más.

Para el Dios judeo-cristiano hablar y erigir son una y la misma cosa: hacer y decir se dan juntamente. No obstante, el hombre al ser creado según parangón divino -y al recibir Su soplo- prestidigita su entorno con la añagaza de la verbosidad. Tomemos como pauta la primera empresa de Adán, a saber: nombrar a los animales, pues sin nombres no hay creaturas. "Cuando Adán fue expulsado del Paraíso, en lugar de vituperar a su perseguidor se apresuró a bautizar las cosas: era la única manera de acomodarse en ellas y de olvidarlas; se pusieron las bases del idealismo. Y lo que no fue más que un gesto, una reacción de defensa en el primer balbuceador, se convirtió en

[207] 2 *Gén* 7.
[208] 1 *Gén* 3-9. (Énfasis mío).

teoría en Platón, Kant y Hegel".[209] El hombre, apodando su entorno lo vuelve familiar, lo trae de la ausencia a la presencia. En efecto, damos cuenta de él con los pensamientos y de éstos a través de los vocablos. No puede haber cosas sin palabras ni éstas sin aquéllas, ambas se complementan, unas y otras nacen y se muestran a la vez y a un mismo tiempo. Cuando abrimos la boca no hacemos más que renovar y perpetuar el aspaviento de Adán, el más viejo de los balbuceadores.

Ahora bien, nada impide cuestionarnos: ¿Qué impulso se oculta detrás del deseo de servirnos de las palabras? Bien examinado, este envite lejos de obedecer a una disposición mecánica, grita como contestación irreprimible ante el abismo de la nada. Las palabras son la censura al anonimato, son señal inequívoca de nuestra incapacidad para babear silenciosos junto a las demás creaturas. Con el vocablo muere el macaco que nos habitaba y prorrumpe uno distinto: el hombre. "La creación descansaba en un estupor sagrado, en un admirable e inaudible gemido; sacudiéndola con su frenesí, vociferando como un monstruo acorralado, el hombre la ha obligado a volverse irreconocible y ha comprometido su paz para siempre".[210] Así, el lenguaje es el mazo que rompió las cadenas que nos enlazaban a nuestros años paradisiacamente animales. La vociferación es el talante propio del antropoide que encarnamos todos y cada uno de los que participamos de ella.

Si se desea mirar ingenuamente, es por el lenguaje que nos liberamos, al menos en parte, del dominio animal. A través suyo no sólo ordenamos el mundo sino que lo creamos, lo inventamos, le otorgamos forma, unidad y sentido. Nuestro universo no es servilmente instintivo o inmediato, por el contrario, es artificioso. Requerimos de la mediación de las palabras para asirlo y enarbolarlo. Estas bellas ficciones son nuestro asidero frente al vértigo de la vacuidad, pues nos sirven de paliativo ante el devenir que devora con sus insaciables fauces todo cuanto le sale al paso. Por donde quiera que se mire, el lenguaje representa el carácter propio del hombre: es aquello que le contrapone

[209] EMC, *BP*, p. 179.
[210] EMC, *D*, p. 58.

a las demás bestias. Siendo el mono que ha extraviado su pelo o el ángel de alas quebradas, ha reemplazado sus deficiencias –biológicas o morales- por ideales.

Vociferar ideas es decirle *no* a *natura*, es negarnos a habitarla tal cual y de manera puramente instintiva. Es probable que el *no* sea la primera dicción que logramos mascullar. Luego, la historia es la sempiterna repetición de negaciones. (Obedeciendo a Satán –y desobedeciendo a Dios- le dijimos no al eterno presente: la *Biblia* refiere que la historia comienza con el no al Creador.) La cultura es muestra por antonomasia de nuestro *no* a la naturaleza. Quizá uno de los más brillantes ideales jamás concebidos sea el de la libertad, mácula perpetrada contra la biología. Por mor suyo le decimos no a los instintos: siempre mecánicos, impensados.

Únicamente aspiramos a ser libres -piénsese reflexivos- con la atrofia de nuestros reflejos. (De ello fue perfectamente consciente Prometeo cuando se apresuró a donarnos el fuego civilizador. ¿Acaso no aspiró a suplir con su llama astuta nuestra mengua original? También él, robando el fuego, le dijo no a Zeus. Nosotros, cediendo a la tentación de su llama, igualmente, le dijimos no a Mecona.) A todas luces, pensar es síntoma –y sinónimo- de insuficiencia biológica. "La decadencia biológica es un excedente de racionalidad en los automatismos. Las funciones no responden a tiempo y no desempeñan directamente su papel. La vida sólo es *plena* en la inconsciencia".[211] Sólo un animal atrofiado *tiene tiempo* de ponerse a reflexionar, pues la condición de posibilidad del tiempo no es otra que la conciencia. Sin el concurso de nuestras privaciones jamás correríamos tras la bonita engañifa de la libertad –el no por excelencia a los instintos-. "El hombre es *libre* en la medida en que puede no actuar enseguida. Sólo el fallo de sus reflejos garantiza la libertad. Es lo que le concede el margen para reflexionar, sopesar, elegir. Crea un intervalo, un vacío entre sus actos. Ese *vacío* es el espacio y la condición de la libertad. El hombre es hombre por sus insuficiencias. Si no

[211] EMC, *SF*, p. 66. (Énfasis del texto).

hubiera cierto desequilibrio en sus reacciones fundamentales, sería un simple autómata".[212]

A la par de lo proferido, me gustaría insistir en la situación de animal caído del hombre. Es curioso cómo la historia se inicia con un no. Recapitulemos: Prometeo le dice no a la prohibición de Zeus y entrega el fuego civilizador a los hombres. Asimismo, Satán se negó a obedecer a Dios y nos dio a probar del fruto del conocimiento. También, Adán y Eva le dijeron no a su Creador e ingirieron el funesto fruto. En ambas mitologías la historia aflora gracias a la negación. El tiempo es la negación del eterno presente. Fundamos la historia porque nos negamos a habitar el paraíso. La lucidez es el no a la irreflexiva *natura*. "La lucidez, monopolio del hombre, representa la culminación del proceso de ruptura entre el espíritu y el mundo; es necesariamente conciencia de la conciencia, y si nos distinguimos de los animales es sólo gracias a ella, o por su culpa".[213] Sin embargo, el uso de la conciencia es triste para el hombre pues también representa el *no* a su deliciosa estolidez, el *no* al paraíso y la caída en el tiempo.

En una palabra, el nacimiento de la nefasta historia. "Ese tiempo reciente, injertado en el antiguo, ese tiempo elaborado y proyectado debía prolongarse en historia, monstruo urdido por nosotros contra nosotros mismos, fatalidad a la que no podríamos escapar, ni aun recurriendo a las fórmulas de la pasividad, a las recetas de la sabiduría".[214] La historia es la expiación que habremos de sufrir tras haber profanado, con nuestra negativa, la apacible inconciencia. "Al desertar de sus orígenes, canjear la eternidad por el devenir, maltratar la vida proyectando en ella su joven demencia, el hombre emerge del anonimato mediante una serie de reniegos que lo convierten en el gran *tránsfuga del ser*".[215] Evidentemente, la razón es la llave que abrió las portillas del tiempo y cerró, a perpetuidad, las de la eternidad. "Hay una eternidad verdadera,

[212] EMC, *CU*, p. 244. (Énfasis del texto).
[213] EMC, *CT*, pp. 103-104.
[214] EMC, *TE*, p. 10.
[215] EMC, *CT*, p. 21. (Énfasis del texto).

positiva, que se extiende más allá del tiempo; hay otra negativa, falsa, que se sitúa más acá: es aquella en la que nos empobrecemos, lejos de la salvación, fuera del alcance de un redentor, y que nos libera de todo privándonos de todo".[216]

Conviene rememorar cuál es la pintura del eterno presente dibujada en los mitologemas aludidos. He repetido machaconamente que éstos, en sus adentros, refieren la evocación de dos jardines paradisiacos: *Edén* y *Mecona*. Ambos vergeles describen una edad dorada, definida por la cabal ausencia de hostilidades. Bajo su resguardo, los efímeros vegetaban en una especie de sueño delicioso: carentes de nada, libres de todo. "En aquella época, siempre jóvenes, los hombres no conocían el nacimiento ni la muerte. No estaban sometidos al tiempo que mengua las fuerzas y hace envejecer. Al cabo de centenares, tal vez millares, de años, siempre semejantes a lo que eran en la flor de la edad, se dormían y desaparecían al igual que habían aparecido".[217] Los hombres, exentos de reflexión, moraban totalmente alelados. No padecían sufrimientos, desconocían las enfermedades y el hambre; el trabajo les era ajeno, los esfuerzos y las fatigas les resultaban extraños; florecían ignorantes de la vejez y los achaques de la ancianidad pues carecían del saber del ayer, del hoy y del mañana; la injusticia les era insospechada, el mal impensable y las leyes innecesarias; los miedos, las vilezas y los temblores inimaginables; la muerte jamás tocaba a su puerta y si visitaba su morada, eran inconscientes para saber que se trataba de ésta, de modo que ignorándola jamás morían. (Tampoco conocían el comercio sexual ni el nacimiento puesto que las mujeres -Eva y Pandora- aún no habían sido modeladas.

Al parecer los hombres, cual cigarras, brotaban espontáneamente de las entrañas de la tierra.) Gracias a su irreflexión gozaban de inmortalidad. No fenecían sino que, faltos de entendederas, moraban adormilados en paradisiaca imbecilidad. "Quien ha superado el miedo puede creerse inmortal; quien no lo conoce, *lo es*. Es probable que en

---

216 EMC, *HU*, p. 144.

217 Jean-Pierre Vernant, Op. *cit.*, p. 59.

el paraíso las criaturas desaparezcan también, pero no conociendo el miedo de morir, no morirían, en suma, nunca".[218]

Efectivamente, el hombre abriga con denodado recelo la sospecha de que alguna vez brilló en el corazón del paraíso -su verdadero hogar-: cobijado bajo la sombra del árbol de la vida en la más pulcra placidez, libre de congojas. "«La edad de la inocencia.» El paraíso proyecta en el pasado ese estadio de nuestra vida, nos consuela de nuestra infancia desaparecida".[219] De este modo, la idea juguetona del dulce prado representa la finalidad última del brío humano porque hunde sus raíces en la imagen de felicidad y en el retorno a casa: "Si viviésemos en jardines, no habría sido posible la religión. Su ausencia nos ha empujado a anhelar el paraíso. El espacio sin flores ni árboles impele a los ojos a mirar al cielo y recuerda a los mortales que su primer antepasado hizo un breve alto en la eternidad y descansó fugazmente a la sombra de los árboles. *La historia es la negación del jardín*".[220]

---

[218] EMC, *DLS*, pp. 36-37. (Énfasis del texto).
[219] *Idem.*, p. 96.
[220] EMC, *BV*, p. 16. (Énfasis mío).

III.II. La nostalgia del Paraíso perdido

> Es borroso el pensamiento que prescinde de la idea del paraíso y vacío el sentimiento que no sea dirigirle una plegaria. A veces creo que todos los pensamientos y pesadumbres deberían hacer una corona en torno al paraíso; que todas las fuerzas inconfesables del ser deberían empujarnos a sumirnos en su éxtasis.
>
> EMC, *LQ*

Emil Cioran desde sus primeros escritos atisba que, en el fondo, la nostalgia del pasado -paraíso inmemorial- y la añoranza del futuro –paraíso terrenal- encarnan los derroteros a través de los cuales ha transitado el anhelo humano. Ambas sendas son el espinazo sobre el que se yergue su aventura histórica. Según refiere el pensador rumano-francés, la historia es el alejamiento progresivo de la felicidad paradisiaca. Así pues, la nostalgia y la añoranza, alojadas en las profundidades de la memoria, tienen como diana el retorno a la bienaventuranza disipada, si bien, por rutas completamente antitéticas: mientras la primera marcha hacia atrás, la segunda lo hace para adelante. No obstante, coinciden en la huida ansiosa del tiempo presente y en la búsqueda de la deleitable eternidad –o la vuelta a casa, que es lo mismo-. "El infierno es presente, *actualidad*; lo cual significa que conservamos solamente la memoria del paraíso. Si hubiéramos conocido el infierno en nuestro pasado inmemorial, ¿no estaríamos suspirando a causa del recuerdo del infierno *perdido*?"[221]

La historia, siendo sucesión sempiterna de instantes, se sitúa en las antípodas del eterno presente, es su negación flagrante porque encarna la ausencia de reposo. Es, en una palabra, la eternidad rota, fragmentada, vuelta al revés. Cioran condensa la idea del fin del paraíso y el comienzo de la historia como sigue: "Sabemos que en el Paraíso los

[221] EMC, *DLS*, p. 52. (Énfasis del texto).

animales descansaban tranquilamente hasta que un día uno de ellos, no aceptando ya su condición y renunciando a la felicidad, se hizo hombre. La historia entera se ha erigido sobre esa desobediencia inicial".[222] Ciertamente, porque el teatro humano se escenifica aquende el abismo temporal, el recuerdo del jardín paradisiaco simboliza su meta y el tesoro más anhelado pero, por ello mismo, el más distante, evocación ésta que nos trasfiere inevitablemente a la nostalgia de la edad de oro. "El Paraíso gime en el fondo de la conciencia, mientras la memoria llora".[223]

En la medida en que nos ensañamos hurgando en los adentros de la recordación más reparamos en la presencia de la huella inmemorial de la paradisiaca placidez. Reminiscencia que explica nuestra incapacidad para acomodarnos al tiempo: fuente perenne de infelicidad. "Yo no soy *de aquí*; condición de exilio *en sí*; en ninguna parte me encuentro en casa: absoluta falta de pertenencia a nada. *El paraíso perdido: mi obsesión de todo instante*".[224] La idea del paraíso es el resorte de las agitaciones humanas, se ha tornado –con ofuscación- en su absoluto. "A pesar de nuestra precipitación y de la competencia que le hacemos al tiempo, no sabríamos ahogar los llamados que surgen de las profundidades de nuestra memoria marcada por la imagen del paraíso, del verdadero, que no es el del árbol de la ciencia, sino el del árbol de la vida".[225]

La historia no es más que el simulacro del eterno presente: tara que habremos de padecer por infringir la apacible ignorancia. "Si nos hubiésemos adherido sin reservas al eterno presente, la historia no hubiera tenido lugar, o, en todo caso, no hubiese sido sinónimo de carga o de suplicio".[226] Ahora bien, la terquedad por desertar del tiempo equivale a retornar a la edad dorada. Justamente, porque el tiempo es la fuga y la pérdida

[222] *Idem.*, p. 76.
[223] *Idem.*, p. 115.
[224] EMC, *CU*, p. 21. (Énfasis mío).
[225] *Idem.*, pp. 30-31.
[226] EMC, *HU*, p. 140.

ineludible de su vida es que el hombre aspira -como un alucinado- a la eternidad. Porque muere es que desea la inmortalidad. "El presente se ha desgajado del tiempo y éste vomita instantes como un enfermo el contenido de sus entrañas".[227] Estamos arrojados, sin más remedio, al devenir imparable que nos consume, al tiempo que pasa, a la vida que acaece en el tiempo y que por darse en éste se permuta a cada instante en muerte.

Una vez lanzados al tiempo, la vida que no es vida sino muerte. En el devenir muerte y vida coquetean constantemente, incluso parecen acariciarse porque acontecen en el sumidero temporal. No obstante, la distancia mediada entre cada instante está separada para siempre. "Éxtasis divino: en nosotros *empieza* el tiempo. La sensación del primer instante... Luego, los instantes que caen en el tiempo como lágrimas en el alma".[228]

Basta una breve inspección sobre la historia para constatar que cada época desvaría acerca de su proyecto de idílica felicidad. Si bien, a lo largo del tiempo las más de las culturas han ido sustituyendo, paulatinamente, a los mitos por utopías y a éstas por ideologías –sus bastardillas-, ninguna civilización, por más refinada que se precie, puede jactarse de ser la excepción. Todas pretenden, a su manera, oponerse al tiempo con brillantes elucubraciones mentales, mismas que son su motor y su fuerza. "La Historia: manufactura de ideales..., mitología lunática, frenesí de hordas de solitarios, rechazo de aceptar la realidad tal cual es, sed mortal de ficciones".[229] Imposible dar con una sola cultura que escape a este delirio generalizado. "Todo se puede sofocar en el hombre, salvo la necesidad de absoluto, que sobrevivirá a la destrucción de los templos, e incluso a la desaparición de la religión sobre la tierra".[230]

Bien mirada, la historia no posee otro absoluto que el retorno a la felicidad paradisiaca. "Lo que vuelve tan tristes a las grandes ciudades es que cada hombre *quiere*

---

[227] EMC, *BV*, p. 122.
[228] EMC, *LQ*, p. 117. (Énfasis del texto).
[229] EMC, *BP*, p. 29.
[230] EMC, *HU*, p. 46.

ser feliz, pero las oportunidades disminuyen a medida que el deseo crece. La búsqueda de la felicidad indica la distancia del paraíso, el grado de la caída humana".[231] ¿Cómo negar que la reminiscencia de la felicidad inmemorial sea el absoluto del hombre, su resorte? De una u otra manera, los esfuerzos que ha emprendido desde sus primeros pasos, como animal pensante -piénsese caído-, están dirigidos a abandonar el tiempo y a retornar al eterno presente. El hombre estima que su legítimo hogar es la edad dorada. He ahí la tierra común de las utopías, las cuales creen ciega, ingenuamente, en la posibilidad de la perfectibilidad humana. Perfección equivalente a la instauración del paraíso dentro de la historia. "Su inclinación hacia la utopía no es más que un recuerdo proyectado en el futuro un vestigio convertido en ideal".[232]

La traza del paraíso es indeleble en el rincón de la memoria, expresa el recuerdo de la calma perdida: el sosiego integral de nuestras taras y congojas. "La memoria no sólo es un argumento contra el tiempo, la memoria actúa contra *este mundo*, revelándonos confusamente los mundos probables del pasado y el paraíso, su culminación".[233] Por un lado, la añoranza futura, proyectada en la idea de progreso, brota como desdén del tiempo dado; del presente tan fragmentado como fragmentario. Por otro lado, la nostalgia paradisiaca, emerge de la repulsa del hombre hacia la historia. Una y otra, son su conato de abandonar la temporalidad porque en ambas proyecta su anhelo de eternidad y sus ascos de tiempo. Las dos nacen merced al recuerdo de la felicidad primigenia, son el simulacro de la placidez abandonada a causa de la conciencia. "Hasta respirar sería un suplicio sin el recuerdo o el presentimiento del paraíso, objeto supremo –y no obstante inconsciente- de nuestros deseos, esencia no formulada de nuestra memoria y de nuestra espera".[234]

---

[231] EMC, *OP*, p. 47. (Énfasis del texto).
[232] EMC, *TE*, p. 85.
[233] EMC, *DLS*, p. 45. (Énfasis del texto).
[234] EMC, *HU*, p. 147.

La nostalgia paradisiaca nace como la intentona de rehabilitar la edad dorada, fuera del tiempo, allende la eternidad. "Nada desvela mejor el sentido metafísico de la nostalgia como su imposibilidad para coincidir con algún momento del tiempo; por eso busca consuelo en un pasado lejano, inmemorial, refractario a los siglos y anterior al devenir".[235] Así, La nostalgia lanza su mirada a la serenidad del pasado atemporal; a la ausencia de conciencia. Cioran define la nostalgia bajo los siguientes términos: "Toda nostalgia es una superación del presente. La vida no tiene contenido más que por la violación del tiempo. La obsesión de estar en otra parte es la imposibilidad del instante; y esta imposibilidad es la nostalgia misma".[236] Sin embargo, habitar cabalmente el paraíso -sin sentir el peso del devenir- sólo está al alcance de quienes han conseguido agarrotar su razón, o bien, de los torpes o locos despojados del fardo de la conciencia. "La tontería es un sufrimiento *indoloro* de la inteligencia. Pertenece a la naturaleza, no tiene historia. Ni tan siquiera en la patología tienen cabida los tontos, porque tienen de su parte a la eternidad".[237]

Cioran estima que únicamente moran paradisiacamente los chiflados, los animales y las plantas porque, exentos de conciencia, descansan libres de desvelos. "Vale más ser animal que hombre, insecto que animal, planta que insecto, y así sucesivamente. ¿La salvación? Es todo lo que disminuye el reino de la conciencia y compromete su supremacía".[238] Para alcanzar la salvación, al hombre le sería necesario renunciar completamente a su entendimiento; mas como todos sus actos están ensuciados por éste, le es imposible retornar a la dulcísima ignorancia. De hecho, mientras más civilizado se torna, más se desvía del paraíso. "Al haber perdido el secreto de la vida y hacer un rodeo demasiado grande para poder reencontrarla y reaprehenderla, se aleja cada día un poco más de su antigua inocencia, cae sin parar de la eternidad".[239] En esta visión de la

[235] *Idem.*, pp. 126-127.
[236] EMC, *BP*, p. 61.
[237] EMC, *OP*, p. 73. (Énfasis del texto).
[238] EMC, *DI*, p. 38.
[239] EMC, *CT*, p. 18.

historia, el pensador rumano-francés se engarza directamente con Hesíodo, de quien es fiel seguidor y legítimo legatario.

Como se ve, Cioran considera que sólo la inactividad nos devolvería al letargo primigenio. Sin embargo: "El hombre ama la tensión, el perpetuo encaminarse: ¿hacia dónde iría en el interior de la perfección? Inepto para el eterno presente, teme cada vez más a su monotonía, escollo del paraíso en su doble forma: religiosa y utópica".[240] Sin embargo, no hay por qué alarmarse, sabemos de sobra que la pasividad nos está impedida. Cierto es que los envites por desertar del yugo de la conciencia no han sido pocos, piénsese por ejemplo en la mística, la santidad o el pensamiento hindú. En todo caso, este último, a través de su apuesta por la vida contemplativa y sin objeto, parece ser el más afortunado de los conatos humanos por rehacer la pasividad paradisiaca. "Creo que el único momento justo en la historia es el periodo antiguo de la India, en el que se hacía una vida contemplativa, en el que se contentaban con mirar las cosas sin ocuparse nunca de ellas. Entonces la vida contemplativa fue verdaderamente una realidad".[241] Desafortunadamente, ninguna de estas vías ha conseguido tornarnos a la paradisiaca inconciencia. Ninguna ha logrado ser más que un simulacro.

Cioran nos recuerda que incluso las santas, los místicos o los contemplativos, aspirantes taimados al abandono de la conciencia, pero sobre todo a la renuncia de su *maldito yo* -incapaces de desembarazarse del fardo de su orgullo- riñen en la carrera por el desapego, le persiguen cual convulsos. "Pero Buda, ¿acaso no fue, también él, un gran orgulloso? ¿El mayor de todos? Renunciar al mundo y predicar después la renuncia, porque hay que sufrir, envejecer y morir, ¿no es rechazar la propia condición de hombre? ¿La condición *en sí*? ¿Qué revolucionario, qué nihilista, se ha fijado una meta más elevada? Al lado del príncipe hindú, el visionario más febril parece modesto".[242]

---

[240] EMC, *HU*, p. 151.
[241] EMC, *CO*, pp. 29-30.
[242] EMC, *CU*, p. 138. (Énfasis del texto).

Funestamente, el hombre está lisiado para el desapego y si por momentos da la impresión de retirarse de ciertas cosas, le es imposible, sin embargo, dimitir de su propio *yo*. De modo que su supuesta sabiduría está condenada a ser cojitranca. "Cada uno es para sí mismo un dogma supremo; ninguna teología protege a su dios como nosotros protegemos a nuestro yo; y este yo, si lo asediamos con dudas y lo ponemos en cuestión, no es más que por una falsa elegancia de nuestro orgullo".[243] Peor aún, junto a la engañifa del yo desfila la patraña del nombre propio –etiqueta vacua en que afloran cualesquiera obsesiones-, el cual exhibe nuestro supuesto éxito en el mundo, o lo que es lo mismo, la servidumbre a las ilusiones y la derrota de nuestra liberación. "Renunciar al nombre es condenarse a la inactividad; apegarse a él es degradarse".[244]

Emil Cioran habiendo desenmascarado la incapacidad humana para alcanzar la sabiduría contemplativa -pereza absoluta-, atisba que el hombre, en el mejor de los casos, no es más que: "Un desollado erigido en teórico del desapego, un convulso que juega al escéptico".[245] Conviene recordar que Luciano ya denunciaba -en el periodo de mayor lustre del escepticismo y del estoicismo- que los máximos representantes de estas escuelas tan sólo eran farsantes que dicen lo que no hacen y hacen lo que no dicen. Incluso, los exponía dentro de una cloaca, relamiéndose en su huera sapiencia, golpeándose y escupiéndose insultos. Así pues, no es de extrañar que el veredicto del pensador rumano-francés respecto a la supuesta sabiduría humana sea afín al del Samosatense: "El animal más inmundo *vive*, en cierto sentido, mejor que nosotros. Sin necesidad de ir a buscar en las cloacas recetas de sabiduría, ¿cómo no reconocer la ventaja que nos lleva una rata, precisamente porque es rata y nada más?".[246]

Por donde quiera que se mire, es imposible tropezarnos con sabios pulcros, desembarazados de vanagloria y, sobre todo, libres de la pandórica esperanza. Para

---

243 EMC, *BP*, p. 97.
244 EMC, *HU*, p. 98.
245 EMC, *DI*, p. 99.
246 EMC, *CT*, p. 24. (Énfasis del texto).

conseguir la cesantía absoluta de nuestros anhelos -subterráneas averías mentales- sería menester dejar de ser hombres, pues fue precisamente nuestra incapacidad innata para ser felices la que nos orilló a estropear el paraíso. "¿No sería la historia en última instancia el resultado de nuestro temor al aburrimiento, ese temor que nos hará siempre amar lo picante y lo novedoso del desastre, y preferir cualquier desgracia al estancamiento? La obsesión por lo inédito es el principio destructor de nuestra salvación".[247] Demasiado corrompidos para eternizarnos en el gozoso anonimato nos deslizamos, sin chistar, en la carrera por la conciencia: promotora de nuestros retorcidos actos. "¿Por qué la *Guitá* sitúa tan alto «la renuncia al fruto de los actos»? porque esa renuncia es rara, irrealizable, contraria a nuestra naturaleza, y porque alcanzarla es destruir al hombre que se ha sido y que se es, matar en uno mismo todo el pasado, la labor de milenios, liberarse, en una palabra, de la Especie, de esa odiosa e inmemorial chusma".[248]

Nuestra salvación –alega Cioran, gravitaría en torno a la cabal ausencia de lucidez y de deseos: en la somnolencia absoluta. "Si pudiéramos abstenernos de desear, de inmediato estaríamos a salvo de un destino; con el sacrificio de nuestra identidad, reacios a amalgamarnos al mundo, superiores a los seres, a las cosas, a nosotros mismos, obtendríamos la libertad, inseparable de un entrenamiento de anonimato y de abdicación".[249] No obstante, nadie está dispuesto, de buena gana, a renunciar a su *maldito yo* y a dimitir de su pedantería. Por el contrario, rehenes de la farsa de la notoriedad, estamos prestos a aplastar a cualquiera que ose poner en entredicho nuestro mérito. Inclusive, abofetearíamos a aquél que profiriese un juicio sensato a tenor nuestro, pues preferimos la mentira y la falsa adulación antes que el esclarecimiento de lo poco que valemos y de la nada que somos.

---

[247] EMC, *HU*, p. 151.
[248] EMC, *DI*, p. 114. (Énfasis del texto).
[249] EMC, *CT*, p. 43.

¿Acaso el pecado de Adán no estribó, en el fondo, en el apetito de hacerse de un nombre, de ser más que una bestia de ornamento? Todos, mediante la aspiración taimada de ser más que los demás, renovamos la caída de Adán. También Lucifer quiso ser más que un ángel insipiente pues aspiró a usurpar el trono del Todopoderoso. Esa satánica apetencia es la tara del hombre, la lleva en lo más profundo de sí. "Lo que es cierto es que está tocado en lo más íntimo de su ser, que está podrido hasta las raíces".[250] Nuestra avidez por resaltar de entre los otros -acompañada de nuestra malevolencia congénita- nos llevó primero a pisotear a las plantas, luego a los animales, al final, en colectividad, nos devoramos democráticamente. "Lejos de ser más o menos unos elegidos, somos más o menos unos réprobos. ¿Quieres construir una sociedad en la que los hombres no se dañen unos a otros? Haz participar sólo a los abúlicos".[251] Somos sobradamente perversos para acomodarnos al placentero anonimato. La perversidad que nos hizo arruinar la eternidad y la que nos imposibilita rehacerla es una y la misma.

> En realidad no tenemos elección más que entre una enferma voluntad o una mala voluntad; la primera, excelente por estar golpeada, inmovilizada, por ser ineficaz; la otra, dañina, es decir movilizadora, investida de un principio dinámico: la misma que mantiene la fiebre del devenir y suscita los acontecimientos. Y ésta es la voluntad que habría que quitarle al hombre si se piensa en una edad de oro. Pero sería tanto como despojarlo de su ser, cuyo secreto reside en esa propensión a dañar, sin la cual no sabríamos imaginarlo.[252]

---

[250] EMC, *D*, p. 48.
[251] EMC, *HU*, p. 150.
[252] *Idem.*, pp. 150-151.

III.III. El Progreso o la añoranza del Paraíso terrenal

> [...] buscando situar ese tiempo aquí abajo, según las recomendaciones de la utopía, que intenta conciliar el eterno presente y la historia, las delicias de la edad de oro y las ambiciones prometeicas, o, para recurrir a la terminología bíblica, rehacer el Edén con los métodos de la caída, permitiendo así al nuevo Adán reconocer las ventajas del antiguo. ¿Acaso no se pretende con eso replantear la Creación?
>
> EMC, *HU*

Expulsados de la eternidad a la historia habremos por necedad de ajetrearnos pues nuestra avidez de convulsión nos orilló a estropear el eterno presente. "Fue la pasión misma de actuar lo que nos precipitó en el tiempo; es imaginable –las mitologías coinciden en su mención- un Paraíso que se definiría por la doble ausencia del tiempo y de los actos: *el Jardín es un lugar eterno donde nadie hace nada.* Según el Génesis, el primer *acto* que Adán comete es, justamente, el pecado que les expulsa de su gratuita bienaventuranza".[253]

Inhábiles para la pereza absoluta, nos está prohibido desolidarizarnos de la especie, imposible ser la excepción: tendremos que atarearnos y además suponer alguna finalidad a nuestros quehaceres, puesto que sin la ilusión del designio toda acción se torna irrealizable. "La ilusión engendra y sostiene al mundo; no se la destruye sin destruir a éste".[254] En efecto, la más soberbia y, por soberbia, legítima empresa humana radica en el laboreo del jardín paradisiaco, la implantación del paraíso terrenal –o lo que

[253] Fernando Savater, *Sobre E. M. Cioran*, p. 109. (Énfasis del texto).
[254] EMC, *D*, p. 89.

es lo mismo, la vuelta a casa-. "¿Nos ha cerrado el Todopoderoso todos sus caminos? Plantaremos entonces otro árbol aquí, donde no tiene guardianes, ni espada ni llamas. Crearemos un paraíso a la sombra de los suplicios y mansamente descansaremos bajo enramadas terrenales, como ángeles efímeros. Amando las ciencias del pecado, seremos comparables a Él y, por mor del sufrimiento de la Tentación, más grandes aún".[255]

A nosotros, Ángeles de alas rotas, nos es menester ejecutar acciones que mantengan la bonita ilusión de construir el sendero que nos llevará de regreso al paraíso: autentico hogar nuestro. "Todo acto, en tanto que acto, no es posible más que porque hemos roto con el Paraíso, cuyo recuerdo, que envenena nuestras horas, hace de cada uno de nosotros un ángel desmoralizado".[256] Dentro del devenir histórico, acto, finalidad, futuro y sentido caminan a la par, quizá por momentos uno de ellos da la impresión de sustituir a los demás. A decir verdad, la mayoría de las ocasiones son equivalentes, unos y otros, ayudan a levantar el mismo delirio generalizado: la reimplantación del *Edén* dentro de la historia. "La Historia, propiamente hablando, no se repite, pero como las ilusiones de que es capaz el hombre son muy limitadas, regresan siempre bajo otro aspecto, dando así a una mamarrachada archidecrépita un aspecto de novedad y un barniz trágico".[257] Invariablemente, la apetencia de acontecimientos nos impele a exigirle sentido al sinsentido histórico: es necesario pretender que nos dirigimos hacia alguna meta. Justo porque la historia carece de finalidad es que nos encaprichamos inventándosela. El paraíso es colofón de nuestras obsesiones.

Desde que el hombre cayó al tiempo, en cada época ha proyectado a sus acciones la mentira que mejor le permite sobrellevar su extravío. No obstante, todas y cada una de las quimeras elucubradas aspiran lograr, a su manera, la cesantía de hostilidades, es decir: la restauración de la edad de oro. "Cada civilización cree que su modo de vivir es

[255] EMC, *BV*, pp. 12-13.
[256] EMC, *MD*, p. 92.
[257] EMC, *DI*, p. 145.

el único bueno y el único concebible, y que tiene el deber de convertir al mundo a ese modo de vivir, o infligírselo".[258] A nosotros nos tocó padecer bajo la tiránica cerrazón del progreso, utopía moderna por excelencia. Perseguirlo equivale, al igual que los demás cuentos, a proyectarle finalidad y sentido a la historia; alcanzarlo corresponde a coquetear con la deliciosa felicidad. "Sólo actuamos bajo la fascinación de lo imposible: esto significa que una sociedad incapaz de dar a luz una utopía y de abocarse a ella, está amenazada de esclerosis y de ruina. La sensatez, a la que nada fascina, recomienda la felicidad *dada*, existente; el hombre la rechaza, y ese mero rechazo hace de él un animal histórico, es decir, un aficionado a la felicidad *imaginada*".[259]

La seductora añoranza de felicidad -confeccionada en el progreso- parte de la firme convicción de instaurar el eterno presente más allá de la eternidad pero más acá del tiempo: "[...] la nostalgia de donde procede el paraíso de aquí abajo, estará justamente desprovista de la dimensión de la añoranza: nostalgia vuelta al revés, falseada y viciada, tendida hacia el futuro, obnubilada por el «progreso», réplica temporal, metamorfosis gesticulante del paraíso original".[260] Así, el progreso tiene como ideal el establecimiento del jardín de las delicias en el interior de la historia, pero en un futuro distante, venidero, monótonamente ausente.

Cuanto más cavilamos a guisa del hombre actual, más constatamos que: "Es todavía un incorregible aficionado a las utopías; ahora bien, la utopía es lo grotesco *en rosa*, la necesidad de asociar la felicidad, es decir lo inverosímil, al devenir, y de llevar una visión optimista, aérea, hasta el límite en que se una a su punto de partida".[261] De este modo, el progreso es para la añoranza el equivalente histórico de la edad dorada, pues pretende la reivindicación del eterno presente y derrotar al devenir en el interior del

[258] EMC, *HU*, p. 51.
[259] *Idem.*, p. 118. (Énfasis del texto).
[260] *Idem.*, p. 127.
[261] *Idem.*, p. 53. (Énfasis del texto).

devenir mismo. "A medida que aspiramos a la gloria, nos debatimos en lo insoluble: queremos vencer al tiempo con los medios del tiempo, durar en lo efímero, alcanzar lo indestructible a través de la historia".[262] Es propio de réprobos esperar la santidad por mor del pecado; sólo al animal caído se le ocurre la sandez de alcanzar la virtud gracias a la efervescencia de sus vicios.

No es sorprendente que el progreso -como cualquier otra utopía o ideología- ansíe ser el hilo de Ariadna que desenmarañe el ovillo de la calaverada humana. Sin embargo, no deja de llamar la atención que su aspiración sea perseguida con la apoteosis de la razón, pues fue ella la que produjo la bancarrota de la eternidad. Dicho de otra forma: a causa del acto caímos y por mor suyo pretendemos retornar al *Edén*. ¡Bonito disparate! "Ardua tarea la de retornar al estado de inocencia por medio de la conciencia, ya que ésta no sólo nos separa de nosotros mismos, sino también del «mundo», de la naturaleza y de los otros".[263] Ahora bien, el mecanismo del que se sirve el progreso estriba en construir, mediante malabares conceptuales, una suerte de escalera que nos transporte hasta la atalaya de la felicidad. No obstante, sus prestidigitaciones únicamente agravan nuestra caída, alejándonos a cada paso del delicioso vergel puesto que sólo potencializan nuestro lado satánico. "Predestinados al engullimiento, representamos, en el drama de la creación, el más espectacular y el más lamentable de los episodios. Dado que en nosotros se despertó el mal que en el resto de los seres vivos dormía, nos correspondía perdernos para que ellos pudiesen salvarse".[264]

¿Qué otra cosa cabría esperar de la más retorcida de las creaturas aparte de su irremediable hundimiento? Si nos apetece, tomemos como pauta de nuestro extravío, la jactancia que la utopía hace del trabajo, porque únicamente los desterrados cometen la chifladura de emperifollar el castigo que se les ha impuesto. "Llevamos con orgullo y ostentación los estigmas de una raza que adora «el sudor de la frente» y que hace de él

[262] EMC, *CT*, p. 94.
[263] Rüdiger Safranski, Op. *cit.*, p. 12.
[264] EMC, *D*, p. 60.

un signo de nobleza, que se agita y sufre *gozando*; de ahí el horror que nos inspira, a nosotros los réprobos, el elegido que se niega a trabajar o a sobresalir en lo que sea".[265] Los civilizados, vanagloriándose del trabajo, observan con tirria a los desocupados. Incluso, creen fervientemente que gracias a su concurso lograrán enderezar a nuestra encorvada ralea y replantar el paraíso. Nada más falso: "Los animales –que viven todos de sus propios esfuerzos- no conocen la miseria, pues ignoran la jerarquía y la explotación. Este fenómeno aparece sólo con el hombre, el único animal que ha esclavizado a sus semejantes; solamente el ser humano es capaz de tanto *desprecio de sí mismo*".[266] Cierto es que todos los animales compiten por la supervivencia, pero ninguno de ellos esclaviza a su especie ni devasta su entorno como lo hace el hombre. El trabajo lejos de organizar una sociedad paradisiaca, dispensada de atropellos, ha tornado la vida irrespirable, aplastante. Todos expiramos bajo sus pies.

Trabajamos y doblamos nuestro espinazo, cual animales de carga, a cambio de mísera paga, con la que a duras penas conseguimos medio tragar. Raramente observamos a hombres contentos de ir al trabajo, por el contrario, es más fácil notar en sus rostros la mirada abatida de bestias que se dirigen al matadero. El mismo hedor lánguido se respira al finalizar su jornada laboral, sus semblantes sencillamente reflejan derrota. Cada cual sabe que una parte suya muere todos los días por mor de unas cuantas monedas. En el fondo, trocamos nuestro tiempo –que no es otra cosa que nuestra vida- por limosnas. La tiranía del progreso canturrea, hasta el hartazgo, que el tiempo es dinero. El dinero es el único y verdadero dios. Así, entre más trabajamos más nos esclavizamos: rindiéndole culto, segundo tras segundo, nos tornamos imbéciles autómatas. "En el trabajo, el ser humano se olvida de sí mismo, lo cual, sin embargo, no produce en él una dulce ingenuidad, sino un estado próximo a la imbecilidad. El trabajo

[265] EMC, *HU*, p. 129. (Énfasis del texto).
[266] EMC, *CD*, p. 158. (Énfasis del texto).

ha transformado al sujeto humano en objeto, y ha convertido al hombre en un animal que cometió el error de traicionar sus orígenes".[267]

Al final, todas y cada una de nuestras utopías se han volteado en contra nuestra. "Los sueños de la utopía se han realizado en su mayor parte, pero con un espíritu muy distinto a como fueron concebidos; lo que para la utopía era perfección, para nosotros resultó tara; sus quimeras son nuestras desgracias. El tipo de sociedad que la utopía imagina con tono lírico, nos parece intolerable".[268] La historia ha dado como fruto, en primer término, el vilipendio de la naturaleza. El hombre es el peor de los parásitos de la tierra pues lacera todo cuanto pisotea: descongela glaciares, modifica los climas, torna los mares en desiertos, devasta bosques y selvas; en suma, transforma su entorno en una inmensa letrina. "Esta nueva prostituta contamina el espacio, mancilla seres y paisajes, expulsa de todas partes la pureza y el recogimiento. ¿A dónde ir, dónde quedarse? ¿Y qué seguir buscando en el guirigay de un planeta babilonizado?"[269]

No en vano las fieras –nuestras compañeras ornamentales de antaño- nos rehuyeron, retirándose a las profundidades de las selvas, desiertos, mares y bosques o donde mejor encontraron resguardo. Arremetimos en contra suya y extinguimos a un sin número de ellas. "La desaparición de los animales es un hecho de una gravedad sin precedentes. Su verdugo ha invadido el paisaje; no hay lugar más que para él. ¡El horror de contemplar a un hombre donde podía verse un caballo!"[270] Y es que el hombre no tolera rastros de inocencia, aplasta todo cuanto no está mancillado, como él, por la conciencia. "Estamos resentidos, sobre todo, con los animales. ¡Qué no daríamos por despojarlos de su mutismo, por convertirlos al verbo, por infligirles la humillación de la palabra! Puesto que nos está prohibido el encanto de la existencia irreflexiva, de la existencia como tal, no podemos tolerar que otros gocen de él. Desertores de la

[267] *Idem.*, p. 175.
[268] EMC, *HU*, p. 122.
[269] EMC, *D,* p. 59.
[270] EMC, *MD*, p. 78.

inocencia nos ensañamos hacia cualquiera que aún la conserve".[271] Luego de arrancar plantas -asolando así al paisaje- violentamos a los animales, sólo para después apiñarnos y atormentarnos democráticamente en sociedad, convirtiendo así a la historia en un gigantesco matadero y en un inmenso mar de sangre.

Desde el inicio de la sociedad la ubicuidad del mal es evidente.[272] La tradición judeo-cristiana refiere que la primera ciudad fue levantada sobre el cadáver de Abel. Caín es el héroe civilizador de la *Biblia*, fue él quien puso la primera piedra de las urbes.[273] El asesinato es la condición de posibilidad de la sociedad, sin éste no hay leyes ni éstas sin aquélla. Porque somos los réprobos descendientes de Adán es que necesitamos de legislaciones. El primer episodio de los hijos de Eva gravitó en torno al odio, la matanza sólo fue su corolario. Luego, la historia es la necia repetición de aquella mácula. Desde entonces no hacemos más que renovar nuestro odio congénito. "Mientras que los hombres sientan pasión por la sociedad, reinará en ella un canibalismo disfrazado. El instinto político es la consecuencia directa del Pecado, la materialización inmediata de la Caída".[274] Asimismo, la mitología romana describe la edificación de su ciudad capital gracias al fratricidio perpetuado por Rómulo. De modo análogo, al anterior mito bíblico, Rómulo asesinó a su consanguíneo, Remo. Sólo después de este crimen se cimentó Roma. También la épica griega, a través de los versos de la *Ilíada* - obra que inaugura nuestra literatura- tiene a la ira por palabra primera:

> ¡Canta, diosa, *la ira* de Aquiles el de Peleo!,
> *ira maldita*, que echó en los Aquivos tanto de duelos,
> y almas muchas valientes allá arrojó a los infiernos
> de hombres de pro, a los que dejó por presa a los perros
> y pájaros todos; y se cumplía de Zeus el acuerdo,
> desde la vez que primera discordes se desprendieron

---

[271] EMC, *D*, p. 61.
[272] Me permito remitir al lector interesado en el tópico de la ubicuidad del mal al excelente texto de Rafael del Águila: *Sócrates furioso. El pensador y la ciudad.*
[273] *Cfr., 4 Génesis.*
[274] EMC, *BP*, p. 158.

señor-de-mesnada el Atreida y Aquiles hijo-del-cielo.[275]

A todas luces, el amanecer histórico tiene como preludio y derrotero al odio y al crimen. El hombre está podrido desde sus raíces. "Siendo el gusto por el mal innato, no tenemos ninguna necesidad de fatigarnos para adquirirlo. ¡Con qué habilidad el niño ejerce de entrada sus malos instintos, con qué competencia, con qué furia! Una pedagogía digna de ese nombre debería prever cursillos de camisa de fuerza. Habría quizá que extender, más allá de la infancia, esta medida a todas las edades, por el bien de la comunidad".[276] Sólo conseguimos adormilar nuestro odio recíproco atentando contra lo más íntimo que poseemos. Si la civilización aún no se ha desmoronado –completamente- es gracias a que se constriñe a sí misma. No obstante, tras cada guerra se tiene la impresión de que el final definitivo está cada vez más cercano. "¿Cómo explicar que sin la intervención de un milagro esta sociedad no se reduzca a polvo ante nuestros ojos o que se la haga estallar inmediatamente".[277]

No se entiende el devenir histórico si se le despoja de su móvil sanguinario. En efecto, el progreso sólo es concebible -sin caer en la bobería- si se le mira como la invariable marcha de nuestros vicios y fracasos. "Progresamos, sí, incluso galopamos, hacia un desastre preciso y no hacia ninguna mirífica perfección. Cuanto más nos repugnan las fábulas de nuestros inmediatos predecesores, más cerca nos sentimos de los órficos que situaban la Noche en el origen de las cosas, o de un Empédocles, que confería al Odio virtudes cosmogónicas".[278] Bien observado, el trajín de la historia no es más que el inagotable desfile de carniceros. "Historia Universal: Historia del Mal. Quitar los desastres del devenir humano vale tanto como querer concebir la naturaleza sin

[275] Homero, *Ilíada,* vv. I, A. (Énfasis mío).
[276] EMC, *EMY*, p. 24.
[277] EMC, *HU*, p. 28.
[278] EMC, *D*, pp. 62-63.

estaciones. [...] «!Nunca hice sufrir a nadie!»: exclamación por siempre extraña a una criatura de carne y hueso".[279]

Imposible localizar bestia más depravada que la humana, su afición a la podredumbre y su sed de sangre no encuentran parangón ni en el más vil de los animales de rapiña. "El hombre, en relación a la vida, es herejía en segundo grado, victoria de lo individual, del capricho, aparición aberrante, animal cismático que la sociedad –suma de monstruos adormecidos- pretende enderezar por el *camino recto*".[280] Amontonados en comunidad, hemos conseguido cualquier cosa salvo realizar las utopías. La idea de la perfectibilidad humana, que aquéllas abanderan, sólo es tolerable si se toma con sarcasmo. "Apegada a la descripción de ciudades *reales*, la historia, que se la mire por donde se la mire corrobora el fracaso, y no el cumplimiento, de nuestras esperanzas, no ratifica ninguna de esas previsiones. Al abolir lo irracional y lo irreparable, la utopía se opone también a la tragedia, paroxismo y quintaesencia de la historia".[281]

Conviene recordar que, etimológicamente, utopía remite a ninguna parte. Como su construcción no tiene lugar en la historia, no podíamos más que cumplirla al revés. Lejos de llevar a cabo nuestro supuesto perfeccionamiento, patentizamos, en cada acto nuestra invariable ignominia y nuestra constante podredumbre. Así, dar cuenta de la historia es verificar la irrealización de las utopías. Por el contrario, recorrer sus páginas es corroborar la locura y el sinsentido democratizado, pues, su móvil ha sido la razón apoyada en la pasión y su consecuencia innúmeras atrocidades. Está al alcance de cualquiera reconocer que sus doradas letras fueron grabadas con tinta sangre. Y, es que el hombre únicamente enarbola ideales hueros. "Hay sufrimientos monstruosos, criminales, inadmisibles. Nos preguntamos cómo pueden producirse, y, puesto que se producen, cómo se puede seguir hablando de finalidad y demás estupideces".[282]

[279] EMC, *BP*, p. 153.
[280] EMC, *HU*, p. 124. (Énfasis del texto).
[281] *Idem.*, p. 125. (Énfasis del texto).
[282] EMC, *CD*, p. 93.

Pensemos, por ejemplo, en la justicia, otra más de las bellas ficciones que canturreamos sin empacho. Para atestiguar su inexistencia es suficiente detenerse en la esquina de cualquiera de nuestras urbes un par de minutos.

Desde que el hombre se precipitó en el tiempo no ha cesado de ejecutar atrocidades. No hay un sólo instante en que su maldad haya claudicado. Evidentemente: "[...] la justicia es una imposibilidad material, un grandioso sinsentido, de cuyo único ideal es posible afirmar con certeza que no se realizará jamás, y contra el cual la naturaleza y la sociedad parecen haber movilizado todas sus leyes".[283] Ahora bien, anhelando encontrar en el progreso un paliativo que subyugue los inconvenientes que el río del devenir nos escupe, hemos chocado con un mal peor que la propia enfermedad. Adorando a las ciencias del pecado, nos topamos con un callejón sin salida, ya que quien vino a poner el remedio vino a poner igual fin a todo. "La ciencia dará, si es que no lo ha dado ya, el golpe de gracia a la esperanza en un triunfo final. La advertencia bíblica sobre el peligro del Árbol de la Ciencia estaba, pues, justificado. La visión más retrógrada en apariencia era, pues, la cierta. Que el paraíso debía hundirse estaba escrito desde el comienzo".[284]

El delirio del saber no sólo estropeó el paraíso sino que además echará a perder a la historia, revelándonos así una segunda caída. Caímos de la eternidad a la historia y a su vez nos precipitaremos de ésta a lo que Cioran llama la post-historia. "De igual modo que los teólogos hablan con fundamento de nuestra época como de una época post-cristiana, así se hablará algún día de la suerte y de la desgracia de vivir en plena post-historia".[285] Seguramente se alegará, en defensa propia, que lejos de ser nefastos somos creadores; mas los frutos del árbol del conocimiento revelan de inmediato un inquietante talante trágico: por mor de la ciencia creamos nuestra propia ruina. Los autores del *Génesis* dieron en el clavo: "De esta manera, seres casi analfabetos en el comienzo de

[283] EMC, *HU*, p. 137.
[284] EMC, *EA*, p. 227.
[285] EMC, *D*, p. 41.

nuestra aventura descubrieron sus riesgos mejor que siglos enteros de raciocinadores".[286] En cada una de nuestras empresas va implícito el funesto germen autodestructivo. "El final de la historia está inscrito en sus comienzos, pues la historia –el hombre sujeto al tiempo- lleva los estigmas que definen a la vez al tiempo y al hombre".[287] Si la historia comenzó con la conciencia, ésta terminará con aquélla juntamente.

Nada de extraordinario se descubre en las acciones del hombre salvo la gestación de su destrucción. Debido a ello es desventurado, porque vaya a donde vaya recibirá un castigo al llegar. Así, un camino corto se torna largo, pero aunque al final encuentre nada él deseará continuar -aunque no sabe por cuánto tiempo-: armando rompecabezas incompletos e ideando dulces farsas, hasta que reconozca que se encuentra sumido en un atolladero del que ni Dios ni nadie podrá sacarle. En el fondo, nuestro ardor sapiente y nuestra avidez de futuro nos condujeron a un callejón sin salida. "Por gusto o por fuerza apostamos al futuro, hacemos de él una panacea, y, al asimilarlo al surgimiento de *otro* tiempo en el interior del tiempo mismo, lo consideramos como una duración inagotable y no obstante terminada, como una *historia intemporal*. Nuestros sueños de un mundo mejor se fundan en una imposibilidad teórica".[288]

Mirando sin prisas al progreso, es lícito concluir que la conquista de un brillante futuro es pura farsa. Tal vez el deseo de que se consume sirva para mentirnos durante algún tiempo más. "Pero lo que esperamos de un deseo es, precisamente, que nos engañe. Que se realice o no, eso es secundario; lo importante es que nos disimule la verdad. Si nos la revela, falta a su deber, se compromete y reniega de sí, y debe, por lo tanto, ser tachado de la lista de los deseos".[289] En el fondo, cada vez más lúcidos y menos crédulos, las promesas de un futuro mejor nos resultan inadmisibles. "Es fácil pasar de la incredulidad a la creencia o inversamente. Pero ¿a qué convertirse y de qué

[286] E.MC, *EA*, p. 227.
[287] EMC, *D*, p. 41.
[288] EMC, *HU*, p. 127. (Énfasis del texto).
[289] EMC, *MD*, p. 91.

abjurar, en medio de una lucidez crónica? Desprovista de sustancia, no ofrece ningún contenido del que se pueda renegar; está vacía y no se reniega del vacío: la lucidez es el equivalente negativo del éxtasis".[290] Lúcidas, las promesas del progreso resultan desfondadas. "El hombre no durará. Acosado por el cansancio, tendrá que pagar por su carrera demasiado original. Sería inconcebible y antinatural que resistiera por mucho tiempo y que acabara bien. Esta perspectiva es deprimente y, por lo tanto, verosímil".[291]

Seguramente se argüirá que los vaticinios de Cioran son tan apocalípticos como ridículos, pues cada época se estima definitiva. Ciertamente, ya desde el alba de la conciencia los mitos pronosticaban en el final del tiempo. Asimismo, los primeros cristianos, hambrientos de desenlace rogaban al Altísimo por el advenimiento del fin de la historia. "Para gran decepción de éstos, lo peor no llegó, pese a los vaticinios de los que rebosaban los escritos de la época. Cuanto más se multiplicaban tales escritos, como para urgir a Dios y obligarlo a ceder, más devastado e indeciso se encontraba este último y más se enredaba en sus escrúpulos".[292] Sin embargo, nuestros predecesores apelaban al advenimiento de una hecatombe decretada por la divinidad, o bien, a un desastre natural. En cambio, hoy sabemos que el finiquito se encuentra en nuestras propias manos. "Nosotros, más afortunados que ellos, hemos conseguido nuestro propio fin, está a nuestro alcance y, para precipitar su venida, no precisamos en absoluto de la intervención de arriba".[293]

Si algo nos ha develado las guerras de exterminación masiva es que basta con tocar un pequeño botón para desatar nuestro apocalipsis. Ahora sabemos que los escritores semialfabetizados de la *Biblia* y los líricos griegos no erraban al censurar las plétoras del conocimiento. Al final, unos y otros, tenían razón cuando alegaban que la ciencia es nuestra perdición. Sólo nos servimos de ella para mejor devastarnos. "Los

---

[290] *Idem.*, p. 15.
[291] EMC, *DI*, p. 147.
[292] EMC, *D*, p. 55.
[293] *Ibidem.*

herreros súbditos de Prometeo fabrican instrumentos de progreso, pero fundamentalmente fabrican instrumentos de dominio, armas para la guerra. El *homo faber* podía revolucionar el mundo con sus armas, pero acudía a la guerra como medio decisivo para la dominación. El elemento prometeico ligado a la revolución está unido a la fuerza bélica, al estruendo y a la destrucción brutal".[294] Si nos preguntamos a qué obedece nuestra lógica autodestructiva es claro que simplemente no estamos habilitados para la felicidad, incluso, le huimos desde siempre. Ávidos de sufrimientos echamos a perder la paz del eterno presente; de otra manera no se entiende porque desertamos sin chistar del paraíso. "La obsesión de la sangre deriva de lo infinito del hastío, de lo insoportable de la paz".[295] Hastiados de la estática y paradisiaca felicidad paradisiaca inventamos las guerras; ahora, escamoteando el abismo histórico nos precipitaremos hacia la post-historia, nuestro infierno renovado.

> La clave para lo inexplicable de nuestro destino es la sed de infelicidad, profunda y misteriosa, y más duradera que el deseo juguetón de felicidad. Si este deseo predominase, ¿cómo explicaríamos el vertiginoso alejamiento del paraíso y la tragedia como una condición natural? La Historia en su totalidad es una prueba clarísima de que el hombre no sólo no ha huido del sufrimiento, sino que ha inventado unas redes de donde nunca pueda escapar a su hechizo.[296]

---

[294] Carlos García Gual, Op. *cit.*, p. 204.
[295] EMC, *BV*, p. 65.
[296] EMC, *OP*, pp. 92-93.

III.IV. Caer en el tiempo o la Pos-Historia

> ¡Haber perdido tanto la eternidad como el tiempo! El tedio es el rumiar esa doble pérdida. Tal es el estado normal, el modo de sentir oficial de una humanidad eyaculada finalmente de la historia.
>
> EMC, *CT*

Emil Cioran, en *Desgarradura*, se permite divagar acerca de cómo habría de ser el hombre post-histórico: aquel hipotético producto de las guerras de liquidación masiva. Si bien a este tópico no le dedica más de una cuartilla, para él está claro que una suerte de cataclismo terminará por azotar la historia; está en manos del hombre aniquilarse. A juicio suyo, irremediablemente, el ideal de crepúsculo total se verá cumplido. "Avanzamos en masa hacia una confusión sin igual, nos alzaremos los unos contra los otros como deficientes convulsos, como fantoches alucinados, porque, si todo se ha vuelto imposible e irrespirable para todos, ya nadie se dignará a vivir si no es para liquidar y liquidarse".[297] Ya sea que la hecatombe tarde en producirse cien o diez mil años, el hombre no habitará perpetuamente la tierra, pues tan sólo es un fortuito episodio de la naturaleza, quizá el más lamentable: "Tengamos confianza, apostemos por la catástrofe, más adecuada a nuestro carácter y a nuestros gustos. Demos un paso más, supongámosla ocurrida, considerémosla un hecho consumado. Parece verosímil que ocasione supervivientes, unos cuantos agraciados que habrán tenido la buena fortuna de contemplar su desarrollo y aprender la lección".[298]

---

[297] EMC, *D*, p. 48.
[298] *Idem.*, p. 64.

Así, el ficticio hombre post-histórico -el mono desengañado- que nos sustituirá será incapaz, en un primer momento, de acomodarse allende los delirios temporales. Consciente de que en el saber se encuentra el germen que arruinó tanto a la eternidad como a la historia, arremeterá en contra de las antiguas utopías, querrá borrar todo rastro del fatídico fruto del conocimiento y de la vieja civilización. "A sus ojos, un árbol raquítico valdrá más que un museo o un templo. Fuera escuelas; a cambio, clases para olvidar y para desaprender en las que se celebrarán las virtudes de la inatención y las delicias de la amnesia. La aversión inspirada por la visión de cualquier libro, frívolo o grave, se extenderá al conjunto del Saber, que se mencionará con apuro o pavor como si se tratase de una obscenidad".[299] Sin embargo, esta supuesta humanidad, digna heredera de nuestras lacras, será incapaz de mantenerse en la felicidad vegetativa, no podrá renunciar a todo ideal, sino que hastiada del paraíso conquistado se lanzará afanosa por volver a caer en el infierno perdido, querrá a toda costa precipitarse por segunda vez, anhelará ser eyaculada de la abúlica eternidad al tiempo.

No obstante: "Cortemos por lo sano estas divagaciones, pues de nada sirve inventar un «intermedio reconfortante», fastidioso procedimiento de las escatologías. No porque no tengamos el derecho a imaginarnos esta nueva humanidad, transfigurada al salir de lo horrible; ¿quién nos dice, sin embargo, que una vez alcanzada su meta, esa nueva humanidad no volverá a caer en la miseria de la antigua?".[300]

Sabemos con toda certeza que lo trágico del universo humano estriba en que habiendo adquirido la idea de felicidad agota todas sus fuerzas en simulacros. Sus bríos se limitan a simples conatos de placidez. Hipostasia su felicidad por la idea de felicidad. Huyendo a cada instante del tiempo termina imposibilitado para habitarle pues está ebrio de temporalidad. Es la única bestia que, enferma de tiempo, está situada fuera del eterno presente. Las plantas y los animales aún permanecen bajo los enramados del paradisiaco

---

[299] *Idem.*, pp. 65-66.
[300] *Idem.*, p. 66.

vergel que el hombre se empecina en destruir y vanamente pretende recuperar. En efecto, no caímos de una inocencia total, sino que éramos los habitantes taimados del *Edén*, sublimes creaturas de falsa inocencia. Quizá fue por aburrimiento o por horror al hastío que inventamos los acontecimientos. Así, incapaces de soportar nuestra nada nos despeñamos en los actos. "El único argumento contra la inmortalidad es el aburrimiento. De ahí proceden, de hecho, todas nuestras negaciones".[301] Tal vez sólo por aburrimiento fue que improvisamos la historia. La aversión del tedio es el móvil de nuestros acontecimientos. "El mundo salió de la quietud inicial por la exasperación de la identidad. No podemos saber qué es lo que «afectó» al equilibrio originario, pero está claro que un hastío por su propia identidad, una enfermedad del finito estático puso al mundo en movimiento".[302]

De este modo, en cada acto plagiamos a nuestro aciago prestidigitador quien, en un primer momento se mantuvo en la pereza absoluta, no obstante, incapaz de permanecer completamente inmóvil cedió a la embriaguez de la creación. Su obra es a todas luces malograda, dicho sea de paso. "Si contemplamos esta creación mal despachada, ¿cómo no recriminar a su autor?, ¿cómo, sobre todo, creerlo hábil o simplemente diestro? Cualquier otro dios hubiese dado pruebas de mayor competencia o de equilibrio: por donde se mire, no hay más que error y atolladero. Su empresa lleva los estigmas de lo provisorio, y, sin embargo, no fue tiempo lo que le faltó para hacerla bien".[303] Puesto que fuimos creados a imagen y semejanza divina, no podemos más que recriminarle a Dios nuestras imperfecciones. "*El hombre* no es en absoluto responsable, dado que su creador es la causa del error del pecado. La caída de Adán es ante todo un desastre divino. El creador ha proyectado en el hombre todas sus imperfecciones, su podredumbre y su decrepitud".[304]

---

[301] EMC, *DLS*, p. 91.
[302] EMC, *OP*, p. 302. (Énfasis del texto).
[303] EMC, *HU*, pp. 108-109.
[304] EMC, *DLS*, pp. 109-110. (Énfasis del texto).

Las evidencias permiten conjeturar que, al igual que Él, somos malévolos. "¡Cuánto execro, Señor, la vileza de tu obra y esas larvas almibaradas que te inciensan y se te parecen! Al odiarte, he escapado a las golosinas de tu reino, a las sandeces de tus fantoches. Entre tus acólitos o yo, no sé a quién compadecer más: procedemos todos en línea directa de tu incompetencia: *chusco, chasco, chapuza*, vocablos de la Creación, de tu mangoneo".[305] Sin la hipótesis del malvado demiurgo no se entiende la maldad omnipresente de nuestro derrotero histórico. "Predestinados los unos a creer en un dios supremo, pero impotente; los otros, en un demiurgo; los otros, finalmente, en el demonio, no elegimos nuestras veneraciones ni nuestras blasfemias".[306]

Puesto que el mal en el mundo es evidente habremos de reprochárselo a nuestro Creador. "Si hubiera un Dios, y su fuera justo, no existiría el mal en el mundo. Pero el mal abunda, como todos pueden ver. Entonces, si hay Dios, será un canalla que permite todo ello, o un asno incapaz que no puede impedirlo; de todos modos, sólo merece desprecio".[307] Así, arribamos al célebre trilema epicúreo. "En una teología «seria», que intentara salvar de forma absoluta a Dios, el mal no encuentra una explicación válida. Las teodiceas se han revelado insuficientes frente a este obstáculo esencial. La existencia del mal convierte al Todopoderoso en un Absoluto decrépito. El devenir ha engullido a su misterio y su poder".[308]

Todo permite suponer que este Dios fracasado, luego de llevar a cabo su creación -y avergonzado de la misma- decidió retirarse a su inicial holgazanería. "«Dios no ha creado nada que odie más que este mundo y tanto lo odia que desde el día en que lo creó no ha vuelto a mirarlo.» No sé quién fue el místico musulmán que escribió esto, ignoraré siempre el nombre de ese amigo".[309] Ahora bien, puesto que tendemos a encontrar excusas a absolutamente todo, no podemos prescindir de la idea del aciago demiurgo, a

---

[305] EMC, *BP*, p. 205. (Énfasis del texto).
[306] EMC, *MD*, p. 9.
[307] Marqués de SADE, *Justina*, pp. 174-175.
[308] EMC, *OP*, p. 158.
[309] EMC, *EMY*, p. 34.

decir de Cioran, hipostasiar su existencia sirve como consuelo a nuestras taras. "El dios malvado es el dios más *útil* que jamás hubo. Si no lo tuviésemos a mano, ¿a dónde se encaminaría nuestra bilis? Toda forma de odio se dirige en última instancia contra él".[310]

Ahora bien, Prometeo y Lucifer –los patriarcas del tiempo- al igual que su mandamás, consintieron que el gusano del emprendimiento les pudriera las entrañas; uno y otro pretendieron reeditar y mejorar la empresa de la divinidad suprema, cuya secuela somos nosotros: sus fallidos renuevos. Ahora se entiende porque todas nuestras empresas o se derrumban o se voltean en contra nuestra. La torpeza nos es congénita. El fracaso nos es prenatal. Bien mirada la historia tan sólo es un engarce ininterrumpido de erratas. El primer eslabón de la cadena de traspiés lo forjó Dios por mor de su estropeada creación; el segundo hierro lo vinieron a soldar Lucifer y Prometeo –divinidades de segundo orden y, al igual que su creador, poco habilidosos- cuando se erigieron en adalides del tiempo. De ahí en adelante todos y cada uno de los hombres, a través de nuestras insignes villanías, contribuimos a extender la nefasta cadena.

Efectivamente, el primer hombre hizo un breve alto en la quietud eterna; más, incapacitado para la estática felicidad -y a la par de su Creador- se precipitó en las hueras agitaciones de los actos. Nosotros, al igual que nuestra torva divinidad aspirarnos a enderezar la creación. Sin embargo, el desastre colectivo es evidente. A lo largo de la historia no hemos hecho más que avivar nuestro talante siniestro. Pretendiendo igualar a Dios en perversidad –quizá superándolo- tenemos el cataclismo final en nuestras manos. No precisamos de su intervención para que sobrevenga el fin de la historia. "¿De qué somos culpables, sino de haber seguido, más o menos servilmente, el ejemplo del creador? La fatalidad que fue suya la reconocemos sin duda en nosotros: por algo hemos salido de las manos de un dios desdichado y malo, de un dios maldito".[311]

---

[310] EMC, *MD*, p. 9. (Énfasis del texto).
[311] *Idem.*, p. 8.

Una vez esclarecidos los porqués y los por consiguientes de nuestras taras, es necesario perorar acerca de nuestra segunda caída, es decir, el caer del tiempo. Recapitulemos: A lo largo de este trabajo he repetido machaconamente que la historia se inaugura como la caída del hombre del eterno presente. Dicha precipitación se debe a que éste se torna consciente. El conocimiento es la llave que abrió las portillas de la temporalidad y cerró para siempre los portones de la eternidad. Sin embargo, desde que el hombre despeñó ha aspirado a recuperar su bienaventurada felicidad. Así, presa del recuerdo del paraíso perdido, cayó enfermo de tiempo. Aunque fue arrojado al tiempo, le es imposible alojarse en él. Por un lado, proyectando su dicha en un pasado inmemorial se fuga de su presente; por otro lado, planeando su deleite en la utopía del progreso igualmente renuncia a su día a día, pues se aloja en un futuro siempre ausente. De modo que deseando vivir paradisiacamente termina por no vivir en absoluto. "Inútil remontarse después hacia el antiguo paraíso o correr hacia el futuro: uno es inaccesible, el otro irrealizable. Lo que importa, por el contrario, es interiorizar la nostalgia o la espera, necesariamente frustradas cuando se vuelven hacia el exterior, y obligarlas a discernir o crear en nosotros la dicha por la que, respectivamente, sentimos o nostalgia o esperanza".[312]

En efecto, al aspirar erigir el paraíso perdido en el exterior nuestro, nos hemos topado frente a una doble imposibilidad. Para morar nuevamente en él habríamos de renunciar a la conciencia y tornarnos en una suerte de espectros; sin embargo, la malignidad innata nos impide volver a la vegetativa y paradisiaca ignorancia. Asimismo, no podemos instaurar el *Edén* dentro de la historia, pues al igual que la vía anterior, nuestra perversidad torna irrealizables las utopías, convirtiéndolas en pesadillas. "¿Qué podríamos esperar, en los extremos de la edad de hierro a la que hemos llegado? El sentimiento que en ella predomina es el desengaño, resultado de nuestros sueños

[312] EMC, *HU*, pp. 161-162.

estropeados".[313] Así pues, presas de la duda y el desengaño, nos es cada vez más difícil creer en cualquier ideología y en sus hueras promesas. "Por un lado pertenecemos a la vieja humanidad, la que aún podría añorar el paraíso. Pero los que vengan después de nosotros ni siquiera tendrán el recurso de esta añoranza, pues ignorarán hasta el concepto de paraíso, incluso la palabra misma".[314]

Aparentemente, la post-historia y la caída del tiempo parecen coincidir, no obstante, difieren radicalmente. Emil Cioran es plenamente consciente de que el periodo post-histórico sólo es una hipótesis para satisfacer a los oídos ávidos de lo peor, pues las especulaciones apocalípticas, si bien probables, no dejan de ser cómicas. Nada más equivocado que creer que Cioran vaticina seriamente una hecatombe final. "Renunciemos, pues, a las profecías, hipótesis frenéticas, no nos dejemos engañar más por la imagen de un porvenir lejano e improbable, atengámonos a nuestras certezas, a nuestros nada dudosos abismos".[315] Es evidente que para Cioran el uso exacerbado del conocimiento es siniestro, pues su empleo en las armas de exterminación masiva puede conducirnos hacia la catástrofe definitiva, es decir, puede precipitar el final de la historia, sin embargo, no deja de ser más que un peligro latente.

No obstante, para el pensador rumano-francés es indudable el desengaño cada vez más generalizado. Una vez que se ponen en tela de juicio todos nuestros asideros mentales dejamos de actuar y la realidad se desvanece puesto que se descubre la falta de fundamento de toda empresa. Pensar equivale a una suerte de suicidio; es un afán ingrato que mata lentamente al loco que nos habita. "Es el loco que hay en nosotros el que nos obliga a la aventura; si nos abandona, estamos perdidos: todo depende de él, incluso nuestra vida vegetativa; es él quien nos invita a respirar, quien nos fuerza a ello, y es también él quien empuja a la sangre a pasearse por nuestras venas".[316] Únicamente

[313] *Idem.*, p. 153.
[314] EMC, *DI*, p. 137.
[315] EMC, *D*, p. 66.
[316] EMC, *TE*, p. 36.

la lucidez crónica nos hace caer del tiempo. Si lo que nos mantenía presos de la temporalidad eran las ilusiones de las ideologías y las promesas de los actos, aquello que nos precipita de la historia es la falta de esperanzas. "Todo acto supone la participación en el tiempo; actuamos porque estamos en el tiempo, porque *somos* tiempo, pero, ¿qué hacer? ¿Qué emprender cuando estás separado del tiempo? Seguramente puedes reflexionar y aburrirte, pero no puedes matar el tiempo, él es el que te mata, al pasar al lado de ti, *al lado*, es decir, a mil leguas".[317]

Dejar de actuar implica romper los lazos que nos amarraban al mundo compartido con los demás hombres. En la medida en que nos tornamos lúcidos la duda nos corroe, una vez que caemos enfermos de la fluctuación nos es imposible tomar en serio cualquier acto, toda empresa se torna vana. Es entonces cuando el hastío nos invade y el tiempo comienza a abandonarnos, dejamos de bailar al son de los instantes. "El hastío no es más que el comienzo de este itinerario… Nos hace sentir el tiempo demasiado largo, inepto para revelarnos un fin. Separados de todo objeto, no teniendo nada que asimilar del exterior, nos destruimos a cámara lenta, puesto que el futuro ha dejado de ofrecernos una razón de ser".[318] Cuando el loco nos dominaba éramos tiempo, pues perseguíamos una meta. No es que hastiados abandonemos al tiempo, es éste quien nos abandona en una suerte de aletargamiento incoloro. "El hastío nos revela una eternidad que no es la superación del tiempo, sino su ruina; es el infinito de las almas podridas por la falta de supersticiones; un absoluto chato donde nada impide a las cosas girar en redondo en busca de su propia caída".[319]

---

[317] EMC, *CU*, p. 236. (Énfasis del texto).
[318] EMC, *BP*, p. 39.
[319] *Idem.*, p. 39.

Bibliografía

A) La obra rumana de Emil Michel Cioran

-(1934) *En las cimas de la desesperación*, Tusquets, México, D.F., 2012 [1ª ed.].

-(1936) *El libro de las quimeras*, Tusquets, México, D.F., 2013 [1ª ed.].

-(1937) *Lágrimas y santos*, Hermina Editores, Madrid, 2017 [1ª ed.].

-(1940) *El ocaso del pensamiento*, Tusquets, México, D.F., 2009 [1ª ed.].

-(1944) *Breviario de los vencidos*, Tusquets, México, D.F., 2010 [1ª ed.].

B) La obra francesa de Emil Michel Cioran

-(1949) *Breviario de podredumbre*, Taurus, México, D.F., 2014 [1ª ed.].

-(1952) *Silogismos de la amargura*, Tusquets, Barcelona, 2014 [6ª ed.].

-(1960) *Historia y utopía*, Tusquets, México, D.F., 2012 [1ª ed.].

-(1964) *La caída en el tiempo*, Laia/Monte Avila, Barcelona, 1988 [2ª ed.].

-(1969) *El malvado demiurgo,* Terramar, La Plata, 2012 [1ª ed.].

-(1970) *Ejercicios de admiración*, Tusquets, Barcelona, 2007 [4ª ed.].

-(1972) *La tentación de existir*, Taurus, Madrid, 1973 [1ª ed.].

-(1973) *Del inconveniente de haber nacido*, Taurus, México, D.F., 2015 [1ª ed.].

-(1979) *Desgarradura*, Tusquets, México, D.F., 2013 [1ª ed.].

-(1987) *Ese maldito yo*, Tusquets, México, D.F., 2010 [2ª ed.].

C) Obras póstumas de Emil Michel Cioran

-(1941) *Sobre Francia*, Siruela, Madrid, 2011 [1ª ed.].

-(1966) *Cuaderno de Talamanca*, Pre-Textos, Valencia, 2002 [1ª ed.].

-(1976) *Contra la historia*, Tusquets, Barcelona, 1983 [3ª ed.]

-(1995) *Conversaciones*, Tusquets, México, D.F., 2012 [1ª ed.].

-(1997) *Cuadernos 1957-1972*, Tusquets, Barcelona, 2000 [1ª ed.].

-(2005) *Ejercicios negativos*, Taurus, Madrid, 2007 [1ª ed.].

-(2015) *Antología del retrato. De Saint-Simon a Tocqueville*, Santiago, 2005 [1ª ed.].

-(2009) *Adiós a la filosofía y otros textos*, Alianza, Madrid, 2004 [2ª ed.].

D) Obras sobre Emil Michel Cioran

Arranz Manuel (2002), *Cioran y la España del desengaño*, Prólogo a: *E. M. Cioran, Cuaderno de Talamanca*, Pre-Textos, Madrid.

Astier, Ingrid (2007), *Un lirismo de la negación*. Posfacio a: *E. M. Cioran, Ejercicios negativos*, Taurus, Barcelona.

Boué, Simone (2000) Prefacio a: *E. M. Cioran, Cuadernos*, Tusquets, Madrid.

Cuesta, José Albert (2001), *El cinismo negativo de Cioran*, *Ecocinismos*, Ediciones de Intervención Cultural, Madrid.

Domínguez, Alberto (2014), *Cioran. Manual de antiayuda*, Alrevés, Barcelona.

Gamucio, Rafael (2015), Prólogo a: *E. M. Cioran, Antología del retrato. De Saint-Simon a Tocqueville*, Hueders, Santiago.

Herrera Alzate, María Liliana (Compiladora) (2017), *Encuentro Internacional Emil Cioran. Ponencias 2014-2015-2016*, Universidad Tecnológica de Pereira, Pereira.

Liiceanu, Gabriel (2014), *E. M. Cioran Itinerarios de una vida. El apocalipsis según Cioran*, Ediciones del Subsuelo, Madrid.

López Manzano, Faustino Manuel (2014), *E. M. Cioran: Fragmentos de una estética imposible*, Universidad de Valladolid, Valladolid.

Malishev, Mihail (2014), "Emil Cioran: Destronamiento de ilusiones de la existencia humana", *Variaciones de antropología filosófica en la perspectiva de la unidad del ser del hombre*, Torres Asociados, México, D.F.

-(2018), "Emil Cioran: un escéptico apasionado por la lucidez", *En busca del sentido y la dignidad de la vida*, Plaza y Valdés, CDMX.

Paruit, Alain (2011), *La metamorfosis*, Prólogo a: *E. M. Cioran, Sobre Francia*, Siruela, Madrid.

Rosset, Clément (2000), *El descontento de Cioran. La fuerza mayor*, Acuarela, Madrid.

Sanda Stolojan (2012), Prefacio a: *E. M. Cioran, De lágrimas y de santos*, Tusquets, México, D.F.

Savater, Fernando (1992), *Ensayo sobre Cioran*, Espasa Calpe, Madrid.

-(2009), *E. M. Cioran: El alma alerta*, Prólogo a: *E. M. Cioran, Adiós a la filosofía y otros textos*, Alianza, Madrid.

-(2014), *Sobre E. M. Cioran*, Prólogo a: *E. M. Cioran, Breviario de podredumbre*, Taurus, México, D.F.

Seligson, Esther (1983), *La sed de lo* absoluto, Prólogo a: *E. M. Cioran, Contra la historia,* Tusquets, Barcelona.

-(1988), *Cioran, filósofo de la lucidez alucinada*. Prólogo a: *E. M. Cioran, La caída en el tiempo*, Monte Ávila, Barcelona.

Sloterdijk, Peter (2011), *El revanchista desinteresado (Apunte sobre Cioran). Sin salvación. Tras las huellas de Heidegger*, Akal, Madrid.

Vălcan, Ciprian (2016), *Influencias culturales francesas y alemanas en la obra de Cioran*, Universidad Tecnológica de Pereira, Pereira.

Vartic, Ion (2009), *Cioran ingenuo y sentimental*, Mira Editores, Madrid.

E) Obras complementarias

Calasso, Roberto (2013), *Las bodas de Cadmo y Harmonía*, Anagrama, México, D.F.

De Samósata, Luciano (2008), *Obras*, 4tomos, Gredos, Madrid.

Del Águila, Rafael (2008), *Sócrates furioso. El pensador y la ciudad*, Anagrama, Madrid.

Esquilo, *Tragedias* (2006), Gredos, Madrid.

García Calvo, Agustín (1973), *Lalia. Ensayos de estudio lingüístico de la Sociedad*, Siglo XXI, Madrid.

-(1980), *Tres farsas trágicas y una danza titánica*, Lucina, Zamora.

García Gual, Carlos (2009), *Prometeo: mito y literatura*, Fondo de Cultura Económica, Madrid.

García Pérez David (2006), *Prometeo. El mito del héroe y del progreso*, UNAM, México, D.F.

Graves, Robert (2009), *Los mitos griegos*, RBA, Madrid.

Hesíodo, *Obras y fragmentos* (2000), Gredos, Madrid.

Homero, (1995), *Ilíada,* (Versión rítmica de Agustín García Calvo), Lucina, Zamora; 2003 [3ª ed.].

Kierkegaard, Sören (1984), *La enfermedad mortal*, Sarpe, Madrid.

Köhlmeier, Michael (1999), *Breviario de mitología clásica*, Edhasa, Madrid.

La Biblia, Terranova Editores, Pereira.

Platón (2008), *Diálogos*, 9 tomos, Gredos, Madrid.

SADE, Marqués de (1980), *Instruir deleitando o escuela de amor (La philosophie dans le boudoir)*, introducción y notas de Agustín García Calvo), Lucina, Madrid; 2005 [4ª ed.].

Safranski, Rüdiger (2014), *El mal o el drama de la libertad*, Tusquets, México, D.F.

-(2013), *¿Cuánta verdad necesita el hombre?*, Tusquets, México, D.F.

Vernant, Jean-Pierre (2009), *El universo, los dioses, los hombres*, Anagrama, Madrid.

Printed by Books on Demand GmbH, Norderstedt / Germany